PUBLIC Entrepreneurship
As The Boss

大众创业当老板

看懂财务报表

Understand Financial Statements

罗春秋 ◎ 编著

中国铁道出版社有限公司
CHINA RAILWAY PUBLISHING HOUSE CO., LTD.

内 容 简 介

　　本书是"大众创业当老板"系列中的《看懂财务报表》一书，该书内容全面，为了避免过于理论化，采用了理论知识与案例相结合的方式，对财务报表相关知识进行了全方位的解读。

　　全书共包括 9 章，从最简单的财务知识入手，包括会计凭证、会计账簿、会计分录等，让读者初步认识财务报表，同时还告诉读者什么是资产负债表、利润表、现金流量表、所有者权益变动表及它们各自的特点，接着介绍了其他常见财务指标的意义及如何编制财务报表，最后介绍了如何规避财务报表陷阱。

　　通过对本书的阅读，可以帮助读者了解如何编制并填写财务报表，同时还可以了解到如何对日常发生的账务进行简单账目处理。

　　本书的读者对象主要由财务知识零基础的初学者和非财务专业的企业领导者、经营者、企业主和投资人等，帮助他们快速看懂公司的经营状况和财务状况。对于有一定财务基础的专业人士深入理解财务报表也有帮助。此外，本书也可用作高校管理类学生的财务报表入门教材和社会上财务知识培训班的教材使用。

图书在版编目（CIP）数据

　　大众创业当老板 . 看懂财务报表 / 罗春秋编著 . —
北京：中国铁道出版社，2016.10（2022.1 重印）
　　ISBN 978-7-113-22060-0

　　Ⅰ . ①大… Ⅱ . ①罗… Ⅲ . ①企业管理 – 会计报表 –
会计分析 Ⅳ . ① F270

　　中国版本图书馆 CIP 数据核字（2016）第 165807 号

书　　名：大众创业当老板：看懂财务报表
作　　者：罗春秋

责任编辑：张亚慧　　**编辑部电话：**（010）51873035　　**邮箱：**lampard@vip.163.com
封面设计：MXK DESIGN STUDIO
责任印制：赵星辰

出版发行：中国铁道出版社有限公司（100054，北京市西城区右安门西街 8 号）
印　　刷：佳兴达印刷（天津）有限公司
版　　次：2016 年 10 月第 1 版　2022 年 1 月第 2 次印刷
开　　本：700 mm×1 000 mm　1/16　**印张：**16.5　**字数：**215 千
书　　号：ISBN 978-7-113-22060-0
定　　价：45.00 元

FOREWORD

大 众 创 业 当 老 板

　　无论是对于家庭还是公司来说，出入的账务都要进行记录，尤其是对于新公司而言，清晰和准确地记录每笔账务显得更为重要。对于家庭来说，日常出入账直接记录在各种流水账表格中即可，而对于公司来说，就需要制定一些财务报表，通过相应的财务报表来反映公司的财务状况与经营成果。

　　鉴于财务报表在公司日常活动中占有如此重要的地位，那么编制和解读财务报表显得尤为重要。

　　作为公司的管理者，必须懂财务，如果不懂财务，就很难做好管理。身为公司的老板，更应该了解并看懂财务报表，这样才能清楚地分析公司的盈利能力、盈利质量、偿债能力、营运能力及发展能力，并通过指标来判断公司的经营状况、发现经营问题，最终找到解决方法。使公司的利益最大化、风险最小化。

　　面对庞杂的财务知识体系，新公司老板应该从哪里开始了解并看懂财务报表呢？为此，我们编著了本书。通过本书的阅读，可以帮助读者了解如何编制并填写财务报表，同时还可以了解公司对于日常经营发生的账务进行简单账务处理的方法，使生硬的数据简单化。

　　本书共 9 章，可大致划分为 5 个部分：

第一部分 第 1 章	本章除了对几大报表进行简单介绍外，还对会计凭证、会计账簿、会计分录和试算平衡表等财务报表的基础知识进行简单介绍，从最简单的财务知识入手，让读者走进财务报表。
第二部分 第 2～6 章	这部分详细介绍了资产负债表、利润表、现金流量表和所有者权益变动表，通过这部分的内容，可以帮助读者详细了解各大报表中的常见参数指标及其代表的具体含义。
第三部分 第 7 章	本章主要对公司的财务报表数据来计算衡量公司情况的一些指标进行简单说明，如偿债能力和运营能力、经营杠杆系数等，通过本章的内容，让读者对看懂财务表的必知财务指标有一个全面了解。
第四部分 第 8 章	本章主要对于各大报表的编制进行简单的讲解，如资产负债表、利润表和现金流量表等的编制与填写，通过本章的内容，让读者了解各种财务报表的详细编制过程与填写注意事项。
第五部分 第 9 章	本章主要对于财务报表中的一些陷阱进行简单的讲解，如公司设置小金库和账外账等，通过本章的内容，让读者学会各种陷阱的识别方法。

　　本书的优势在于从实用的角度出发，系统全面地展示了看懂财务报表的各种实用知识，并利用丰富的故事、案例、表格和图示，降低枯燥感，让读者在一种轻松有趣的阅读氛围中学习本书的知识。

　　本书的读者对象主要为财务知识零基础的初学者和非财务专业的公司领导者、经营者、公司主要投资人，帮助他们快速看懂公司的经营状况和财务状况，对于有一定财务基础的专业人士理解财务报表也有一定的帮助。此外，本书也可用作高校管理类学生的财务报表入门教材和社会上财务知识培训班的教材使用。

　　最后，希望所有读者能够从本书中学习到知识，快速打破财务壁垒，轻松看懂财务报表。

编 者

2016 年 7 月

目录

CONTENTS

大众创业当老板

第1章　看懂财务报表，创业者从这里开始

对于公司来说，财务是它的价值核心所在，掌握财务就是掌握经济命脉。作为初创公司的老板而言，看懂财务报表可以清晰地了解公司的现状。本章主要介绍几大常见报表、凭证及了解财务报表中的基础内容。

第2章　有多少家底，看资产负债表的资产

　　对于新成立的公司而言，虽然资产形成较少，但是资产的管理却非常重要，它是衡量一个公司家底多少的重要参数。那么，新公司成立会存在哪些资产呢? 这些资产如何管理呢? 本章将针对这些问题进行详细讲解。

第3章 公司会不会破产，看负债多少

初创公司因为刚成立，一切都还不太稳定。这个时期，公司老板或者领导层要更加谨慎经营。那么如何衡量会不会破产呢？可以从公司的负债情况来看。本章将介绍常见的负债财务指标，让各位决策者一眼看破公司的经营状况。

06 应付票据：公司的汇票飞走了 /114

第4章 赚钱还是亏本，解读利润表

对于创业初期的公司，利润是维持公司继续经营的动力，如果公司一开始就出现亏损呢？创业者就要考虑是否继续经营的问题了。那么，新公司的老板如何快速了解公司是盈利还是亏损，最直接的方法就是看利润表的数据。

01 销售收入：主要的公司收入 /122

02 劳务收入：公司对外服务 /126

03 生产成本：公司最基本的消费 /133

第5章 用钱过日子，现金流量表

新公司成立后，正常的经营活动离不开资金的支持，在运营中就会不断有资金流入或流出，从而构成了现金流。如果公司要持续稳定地运转下去，就有必要控制好现金流，从而才能在资金出现不足时，及时发现并制定相应的对策。

第6章 守住财富，所有者权益变动表

合伙创业是年轻人创业模式中比较常见的一种形式。一旦股东将资本投入公司，就会获得一定的股东分红，也称之为所有者权益。本章将具体介绍所有者权益及相关的财务指标，让创业者清楚了解自己的权益。

第7章 看懂财务报表，这些指标必知

财务报表中涉及的各种财务指标有很多，作为新公司的老板，不需要了解每个指标，只需看懂与公司经营最有关系的一些指标即可，如偿债能力、运营能力、盈利能力和经营杠杆系数等。

第8章　新公司如何编制与填写报表

对于新开办的公司而言，虽然账务比较少，涉及的会计科目也不多，但是报表仍需要正常编制。公司发生了什么业务，财务人员就需要正常做账，正常出报表。本章将具体介绍财务报告、资产负债表、利润表、现金流量表和所有者权益变动表的具体编制和填写方法。

第9章 新公司需避开的财务报表陷阱

公司的经营状况如何,通过查看财务报表就可以一目了然,为了防止财务人员制作假账,编制假的财务报表,作为新公司的老板,应该具备识别财务报表真伪的能力。

chapter

01

看懂财务报表，创业者从这里开始

认识常见报表、会计科目和凭证

　　对于公司来说，财务是它的价值核心所在，掌握财务就是掌握经济命脉。作为初创公司的老板而言，看懂财务报表可以清晰地了解公司的现状。本章主要介绍几大常见报表、凭证及了解财务报表中的基础内容。

财务三大报表要会看

说到财务报表，我们常听到的就是资产负债表、利润表和现金流量表这三大报表，新公司的老板可以不用详细了解财务报表的每项内容，但是要学会看懂三大财务报表，下面就从资产负债表开始，去认识这几大报表。

发现身边的报表：从资产负债表开始

资产负债表是指公司在一定时期的财务状况，是对资产或负债情况进行简单反映的财务报表，一般包括三方面的内容，其具体内容如下。

◆ 资产：类似于家庭的财产一样，资产负债表的资产一般是对公司各项资产的说明与计算。

◆ 负债：如同人们日常生活的借债，资产负债表的负债是指公司对外的欠款，需要在未来某一时间偿还的款项。

◆ 所有者权益：当公司的资产减去负债以后，会有一定的剩余，而股东们对该剩余的余额享有的分配权，就称为所有者权益。

资产负债表包括表首和正表两部分，其具体介绍如下。

◆ 表首：表首主要内容是报表名称、编制单位、编制日期和货币符号等。

◆ 正表：正表是资产负债表的主要内容，表明资产的各种项目等。
它的具体形式可分为两种，一是上下结构，即上半部分为资产，
下半部分为负债和所有者权益；二是左右结构，即左边为资产，
右边为负债和所有者权益。

下面以左右形式的资产负债表为例进行介绍，如图 1-1 所示。

<table>
<tr><td colspan="9" align="center">资产负债表</td></tr>
<tr><td colspan="3">单位名称：××公司</td><td colspan="3">日期：2015 年 1 月 31 日</td><td colspan="3">单位：元</td></tr>
<tr><td>资产</td><td>行次</td><td>期初数</td><td>期末数</td><td>负债及所有者权益</td><td>行次</td><td>期初数</td><td>期末数</td></tr>
<tr><td>流动资产</td><td></td><td></td><td></td><td>流动负债</td><td></td><td></td><td></td></tr>
<tr><td>货币资金</td><td>1</td><td></td><td></td><td>短期借款</td><td>1</td><td></td><td></td></tr>
<tr><td>应收账款</td><td>2</td><td></td><td></td><td>应付账款</td><td>2</td><td></td><td></td></tr>
<tr><td>其他应收款</td><td>3</td><td></td><td></td><td>预提费用</td><td>3</td><td></td><td></td></tr>
<tr><td>材料采购</td><td>4</td><td></td><td></td><td>所有者权益</td><td></td><td></td><td></td></tr>
<tr><td>原材料</td><td>5</td><td></td><td></td><td>实收资本</td><td>4</td><td></td><td></td></tr>
<tr><td>库存商品</td><td>6</td><td></td><td></td><td>盈余公积</td><td>5</td><td></td><td></td></tr>
<tr><td>生产成本</td><td>7</td><td></td><td></td><td>未分配利润</td><td>6</td><td></td><td></td></tr>
<tr><td>待摊费用</td><td>8</td><td></td><td></td><td></td><td></td><td></td><td></td></tr>
<tr><td>非流动资产</td><td></td><td></td><td></td><td></td><td></td><td></td><td></td></tr>
<tr><td>长期股权投资</td><td>9</td><td></td><td></td><td></td><td></td><td></td><td></td></tr>
<tr><td>固定资产原值</td><td>10</td><td></td><td></td><td></td><td></td><td></td><td></td></tr>
<tr><td>减：累计折旧</td><td>11</td><td></td><td></td><td></td><td></td><td></td><td></td></tr>
<tr><td>固定资产净值</td><td>12</td><td></td><td></td><td></td><td></td><td></td><td></td></tr>
<tr><td>无形资产</td><td>13</td><td></td><td></td><td></td><td></td><td></td><td></td></tr>
<tr><td>资产总计</td><td></td><td></td><td></td><td>负债及所有者权益总计</td><td></td><td></td><td></td></tr>
</table>

图 1-1　资产负债表模板

在图 1-1 所示的资产负债表中，需要根据显示的实际情况填入一定的数据，我们可以看到左右两边显示的内容中，资产包括的项目较多，分别为流动资产和非流动资产。

流动资产中包括货币资金、应收账款、其他应收款、原材料和库存商品等；非流动资产则包括长期投资、固定资产和无形资产等，而右边的负债及所有者权益，显示内容则相对简单，计算的项目也较少。

下面通过一个实例来了解一下，从资产负债表中，新公司老板可以获取哪些信息。

小王在一家工厂做会计，又到了年末结账的时刻，他和同事们都开始忙碌起来，在上周的大会后，公司老总要求财务部尽快完成结算，收回一些欠款，同时偿还一些债款，并计算出今年的盈利。

通过他和同事对于资产负债表的填写，发现公司的银行存款和库存现金总计为500万元，公司还有一笔30万元的应收账款还未收回，债券、股票和基金类投资价值为200万元，还有原材料及库存商品价值约100万元。

同时还发现工厂的几台机器设备需要更换，如果继续使用，会增加相关的成本投资，预计支出100万元，在上个季度，短期借款500万元用于商品周转。

还发现在今年年初新增两位股东，分别投资30万元和50万元，最后计入所有者权益项的实收资本，那么今年年底公司在股东分红时，就需要给予这两位股东一定比例的分红。

公司的资产负债表采用的是左右式，即左边资产项，右边为负债和所有者权益项，通过自己和同事的协作努力，他们实现了资产负债表左右两边数据的平衡。

◎ 提 示 ◎

会计年度是以年度为单位进行会计核算的时间区间，是反映单位财务状况和核算经营成果的时间界限。通常情况下，一个单位的经营和业务活动，总是连续进行的。

利润表：公司的盈利有多少

通过资产负债表可以了解公司的运营状况，了解资产的大小与负债的多少，而利润表可以直观地反映公司盈利的多少。

利润表是反映公司经营成果的一种财务报表，显示公司在一定的会计期间，如一年的经营成果，以 2015 年为例，公司的财务人员一般会在下一年统计上年 1 月 1 日到 12 月 31 日的相关数据，制作出利润表，它对公司的经营是一种动态的反映，又称为动态报表。

利润表的样式一般可分为单步式和多步式，我国利润表样式的发展，经历了单步式向多步式的发展，现在较常用的是多步式，两者的介绍如下。

◆ 单步式利润表：单步式利润表是一般公司的收入与费用都不区分，所有与收入和费用相关的都综合在一起，收入与费用的差额即为损益。单步式利润表模板如图 1-2 所示。

利润表			
单位名称：××公司	日期：2015 年 1 月 31 日		单位：元
项目	行次	本期金额	上期金额
一、收入			
营业收入	1		
投资收益	2		
营业外收入	3		
收入合计	4		
二、费用			
营业成本	5		
流转税	6		
销售费用	7		
管理费用	8		
财务费用	9		
资产减值损失	10		
营业外支出	11		
所得税	12		
费用合计			
三、净利润			

图 1-2　单步式利润表模板

◆ 多步式利润表：多步式利润表对于收入和费用进行详细的划分，并按收入、费用和支出加以分类，按照一定的步骤，一步步地计算出当期损益，多步式利润表模板如图 1-3 所示。

利润表			
单位名称：××公司	日期：2015年1月31日		单位：元
项目	行次	本月数	本年累计数
一、主营业务收入			
减：主营业务成本	1		
营业税金及附加	2		
二、主营业务利润			
加：其他业务利润	3		
减：销售费用	4		
管理费用	5		
财务费用	6		
三、营业利润			
加：投资收益	7		
补贴收入	8		
营业外收入	9		
减：营业外支出	10		
四、利润总额			
减：所得税	11		
五、净利润			

图 1-3　多步式利润表模板

◎ 提 示 ◎

利润表相对于资产负债表来说，项目较少，而且计算也相对简单，但是需要按照先后顺序一步步计算，其计算顺序是：主营业务收入→主营业务利润→营业利润→利润总额→净利润。

下面通过一个案例来介绍初创公司老板如何通过利润表来查看公司的利润。

又到了一年一度的会计结算时间，小王和同事们都很忙，忙着整理资产负债表、现金流量表和利润表等，这一天老板来视察，翻看了一下刚做好的资产负债表，有很多地方无法理解，最后老板望着利润表的最后一列数字，然后就笑着离开了。

最后一列数字上表明净利润 10 万元，公司今年营业收入 60 万元，营业成本 30 万元，营业税金及附加 800 元，销售费用、管理费用和财务费用总计 8.74 万元，资产减值损失 1.236 万元，营业利润为 19.944 万元，营业外支出为 6.532 万元，所得税费用为 3.412 万元，净利润为 10 万元。

从上例可知，通过利润表可以简单而直观地了解相关的信息，如收入、费用和净利润等，是资金较为紧张的初创公司的老板们更加关心的问题，但并不是所有的利润都为正值，如果经营不善也会存在负数的情况。

利润表简单来说，可以用来比较和分析公司的经营成果及获利的能力，可以据此分析收入、成本和费用，有利于财务人员及管理者发现运营中存在的各种问题，并据此作出一定调整，减少经营过程中损失的发生。

新公司老板或者管理者通过利润表的各项变动，可以对各部门进行系统的了解，从而及时对于采购、生产、销售和融资等进行一定的调整，使各部门和各环节的运作更加完善。

现金流量表：公司手里的现金有多少

对于新公司而言，现金从哪里来，来了多少，这些都可以通过现金流量表来获知。

所谓现金流量表，是指在固定的时间，如每月或每季，公司现金的增减变动。该报表反映的是现金流入或流出该公司的情况，一般是公司短期内缴费能力的体现，如备用金或差旅费。

现金流量表主要从 5 个方面来进行说明，包括经营活动产生的现金流量、投资活动产生的现金流量、筹资活动产生的现金流量、汇率变动对于现金的影响和现金及现金等价物增加额等，并对每一方面都进行了细分，

图 1-4 所示为现金流量表模板。

现金流量表		
单位名称：××公司		单位：元
项目	行次	金额
一、经营活动产生现金流量：		
销售商品、提供劳务收到的现金	1	
收到的税金返还	2	
收入到的其他与经营活动有关的现金	3	
现金流入合计		
购买商品、接受劳务支付现金	4	
支付给职工以及为职工支付的现金	5	
支付的各项税费	6	
支付的其他与经营活动有关的现金	7	
现金流出合计		
经营活动产生现金净额		
二、投资活动产生的现金流量		
收回投资所收到的现金	8	
取得股利或利润所收到的现金	9	
处置固定资产、无形资产和其他长期资产所收回的现金净额	10	
收到的其他与投资活动有关的现金	11	
现金流入小计		
购建固定资产、无形资产和其他长期资产所支付的现金	12	
投资所支付的现金	13	
支付的其他与投资活动有关的现金	14	
现金流出小计		
投资活动产生的现金净额		
三、筹资活动产生的现金流量		
吸收投资所收到的现金	15	
借款所收到的现金	16	
收到的其他与筹资活动有关的现金	17	
现金流出小计		
偿还债务所支付现金	18	
分配股利、利润或偿付利息所支付的现金	19	
支付的其他与筹资活动有关的现金	20	
现金流出小计		
筹资活动产生现金净额		
四、汇率变动对现金的影响		
五、现金及现金等价物增加额		

图 1-4 现金流量表模板

一般公司可通过筹资、投资和经营活动等行为形成现金的流入或支出，这一过程就称为现金流活动。现金流活动即现金收支的活动的表现如图 1-5 所示。

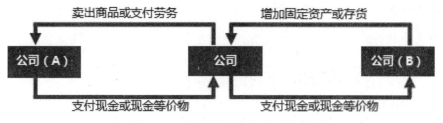

图 1-5　现金流入或支出过程图

下面通过一个案例来分析如何从现金流量表看公司存在的问题。

　　小吴是某集团公司的一名会计人员，最近在制作完成现金流量表以后，他发现一个问题，公司今年的营业收入有 5 亿多元，而这一年度新增的应收账款有 4 亿多元，公司的利润在增加，但是实际流入公司的现金却很少。

　　到现在为止，公司还未收回应收账款，公司的日常经营主要依靠关联方的交易支撑，但上个季度以来，关联方的资金无法按时到位，但公司的经营却不能停止，只能正常运作。此时就需要支付日常所需的各种费用，包括用来购买原材料以及缴纳税费等，从而大量的现金流出公司，使经营活动中的现金流量净额出现了负值，而应收账款又无法及时收回，使公司的资金周转陷入困难的局面。

　　上例说明，在日常经营中，一定要注意应收账款的管理，它不只是资产负债表中的一个项目，也会影响现金流量表的制作，严重的会影响公司日常经营。

会计科目：要喝水，先挖井

我们知道各会计报表都需要一些项目及数据的填充，而项目和数据又是相互对应的，没有项目就没有数据，最终报表就无法形成，这些项目就称为会计科目，对于新公司而言，需要根据本身的情况，创建适合的会计科目，现在就让我们对会计科目进行简单的认识。

如何看懂会计科目

对于大多数创业老板而言，尤其是初创公司的老板，由于以前没有接触过财务知识，因此，要了解会计科目，可以从会计科目的划分类别入手。下面我们从不同的划分依据来了解会计科目。

◆ 按照报表核算的经济内容划分

对报表核算的经济内容进行详细的划分，用来反映公司一定期间的财务状况及经营成果，可以从公司的资产、负债、所有者权益、收入和费用等方面进行划分，具体如图1-6所示。

资产类科目

根据资产的流动性，可以划分为流动资产科目和非流动资产科目。

负债类科目

从偿还期限上可以划分为流动负债科目和长期负债科目，制表时还需要对两大类科目进行细分。

所有者权益类科目

根据所有者权益的形成及性质可以分为关于资本的科目和关于留存收益的科目两大类。

收入类科目

根据组成收入的不同内容，可分为业务收入的科目和非业务收入的科目。

费用类科目

根据费用的不同内容和不同性质，可分为反映成本科目、反映期间费用科目和反映现金支出科目。

图1-6 按照经济内容划分的会计科目

◆ 按照核算信息的详细程度

各大报表是为投资者或决策者提供一些会计信息，那么当我们查看财务报表时，也就是看它所反映出的各种详情信息。相对来说，使用的用途不同，对于会计核算信息的要求也就不同，据此可将会计科目划分为总分类科目和明细分类科目，具体如图1-7所示。

总分类科目

又称为总账科目，是对于核算的经济内容的总括分类，如"固定资产"、"原材料"、"应收账款"和"应付账款"等。

明细分类科目

又称为二级科目或明细科目，是对总分类科目包含内容的详细的分类，如"应付账款"科目下按照具体单位名称分设有各种明细科目。

图 1-7　按照核算信息的详细程度划分的会计科目

在我国，总分类科目是固定的，由财政部统一规定，不同的公司可以根据自身的要求，增加、删除或合并一些会计科目。

对于二级科目，一般公司可以根据自身的业务情况，增加相应的会计科目，在二级科目下，还可以增设三级、四级或五级科目等，一般公司最多设置到六级，最常用的一般到四级，在公司制作凭证前，需要先设置好科目级别。

会计科目模板

报表形式会存在一定的模板，而会计科目也一样，会计科目包括资产、负债、共同、所有者权益、损益和成本六大类，不同类型的会计科目包含了各自的科目，下面具体介绍。

◆ 资产类科目是按资产的流动性分为反映流动资产的科目和反映非流动资产的科目，其会计科目模板如表1-1所示。

表 1-1   资产类会计科目模板

编号	科目名称	编号	科目名称
1001	库存现金	1601	固定资产
1002	银行存款	1602	累计折旧
100201	银行存款——工商银行	1603	固定资产减值准备
1121	应收票据	1604	在建工程
1122	应收账款	1605	工程物资
1123	预付账款	1606	固定资产清理
1131	应收股利	1701	无形资产
1132	应收利息	1702	累计摊销
1231	其他应收款	1703	无形资产减值准备
1241	坏账准备	1711	商誉
1401	材料采购	1801	长期待摊费用
1403	原材料		

◆ 负债类科目是按负债的偿还期限分为反映流动负债的科目和反映长期负债的科目，其会计科目模板如表 1-2 所示。

表 1-2   负债类会计科目模板

编号	科目名称	编号	科目名称
2001	短期借款	2232	应付利息
2101	交易性金融负债	2241	其他应付款
2201	应付票据	2601	长期借款
2202	应付账款	2602	长期债券
2205	预收账款	2801	长期应付款
2211	应付职工薪酬	2802	未确认融资费用
2221	应交税费	2811	专项应付款
2231	应付股利	2901	递延所得税负债

◆ 共同类科目的特点是需要从其期末余额所在方向界定其性质，其

会计科目模板如表 1-3 所示。

表 1-3　共同类会计科目模板

编号	科目名称	编号	科目名称
3101	衍生工具	3202	被套期项目
3201	套期工具		

◆ 所有者权益类科目是按权益的形成和性质可分为反映资本的科目和反映留存收益的科目，其会计科目模板如表 1-4 所示。

表 1-4　所有者权益类会计科目模板

编号	科目名称	编号	科目名称
4001	实收资本	4103	本年利润
4002	资本公积	4104	利润分配
4101	盈余公积	4201	库存股

◆ 损益类科目分为收入性科目和费用支出性科目，其会计科目模板如表 1-5 所示。

表 1-5　损益类会计科目模板

编号	科目名称	编号	科目名称
6001	主营业务收入	6601	销售费用
6051	其他业务收入	6602	管理费用
6101	公允价值变动损益	6603	财务费用
6111	投资收益	6701	资产减值损失
6301	营业外收入	6711	营业外支出
6401	主营业务成本	6801	所得税
6402	其他业务支出	6901	以前年度损益调整
6405	营业税金及附加		

◆ 成本类科目即为表达成本相关的会计科目，其会计科目模板如表 1-6 所示。

表 1-6　成本类会计科目模板

编号	科目名称	编号	科目名称
5001	生产成本	5201	劳务成本
5101	制造费用	5301	研发支出

以上 6 个表所示的会计科目是现在大多公司会采用的模板，当然公司根据自身的业务可以适当地添加一些二级科目，如表 1-1 中，在银行存款的科目下添加了银行存款——工商银行的二级科目。

下面通过具体的实例介绍如何根据行业特征设置会计科目。

小刘是一家地产开发公司的会计，在开始对整个年度的账目进行记录前，他需要对记账系统进行更新，在设置好会计科目级别以后，他开始对具体的科目内容进行设置，在采用了国家标准的模板之后，还做了一些细节的调整。

以他在资产类中新增设的会计科目为例，进行简单介绍，如表 1-7 所示。

表 1-7　新增会计科目

编号	科目名称	编号	科目名称
1001	库存现金	1133	其他应收款
1002	银行存款	113301	存出保证金
100201	银行存款——工商银行	11330101	投标保证金
1009	其他货币资金	11330102	履约保证金
1122	应收账款	1151	预付账款
112201	应收工程款	115101	预付工程款
11220101	应收单位名称	115102	预付备料款
11310102	应收工程质量保证金	115103	预付购货款
11310103	应收工程优质优价金		

会计凭证：要建大楼先打地基

如果说财务报表是一栋大楼，那么会计凭证就是它的地基，只有保证凭证数据的正确无误，这座大楼才能屹立不倒。那么，对于新成立的创业公司，该如何保证自己的大楼地基稳固呢？现在让我们去认识这些地基。

凭证有哪些分类

会计凭证是一种用来反映公司的各项经济业务的书面证明，如买卖产品、支付劳务费和员工差旅费单据等，凭证常分为两大类，一是原始凭证，二是记账凭证，下面分别进行介绍。

◆ 怎么看原始凭证

原始凭证一般指的是在公司来往的经济业务最初发生的时候，相关的财务人员填制的原始的书面证明。如买卖商品的发票、欠条和刷卡的小票等，根据来源地点的不同，还可分为自制的原始凭证和外来的原始凭证。

自制的原始凭证按照填制手续的不同，可分为一次凭证、累计凭证和汇总原始凭证，具体介绍如图 1-8 所示。

一次凭证

一般指凭证只填写一项经济内容，如收料单、出库单、入库单和报销单等。

累计凭证

在一定期间内，有连续多次记载的，它反映重复发生的同一项经济业务，直到期末，凭证的填制手续才算完成。

汇总原始凭证

是指将同类内容的相关经济业务汇总填列在一张汇总凭证中，但不能将两类或两类以上的经济业务汇总填列。

图 1-8 自制原始凭证分类

除此之外，还存在一种原始凭证——记账编制凭证，它是根据相关经济业务或会计账簿，需要公司自我编制的自制原始凭证，如人们常见的制造费用分配表就是根据相关成本所编制的自制原始凭证。

◆ 原始凭证升级——记账凭证

当原始凭证发展到一定的阶段后就会进行自我更新，其升级版就是记账凭证，它是对于原始凭证的更新与重组，具有统一的格式。

一般来说，记账凭证可以分为两大类，一是专用的记账凭证；二是通用的记账凭证。专用凭证一般指专门用来记录某种经济业务的记账凭证，可分为收款凭证、付款凭证和转账凭证。在现在的报表制作中，我们常用的是专用记账凭证，下面来简单地认识一下3种凭证。

（1）收款凭证

收款凭证是用来记录关于银行存款或现金的收款业务的凭证，它是根据与现金或银行存款相关的原始凭证填制，如图1-9所示。

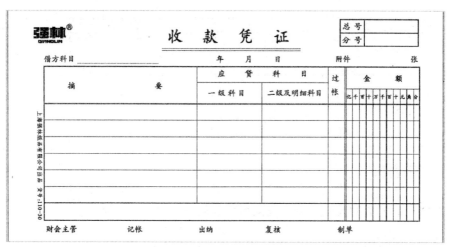

图1-9　收款凭证

收款凭证一般会有"收款凭证"字样，在填写时需要首先填写借方科目，如公司收回应收账款30万元，那么在收款凭证中，借款科目可填写"银行存款"，摘要中可填写"收回应收账款"，一级科目中可填写"应收账款"，二级科目中可填写收回的某公司名称，并在金额栏准确填写数字 300 000 元。

在填写完整后，需要财主主管、出纳、制单和审核人员分别签字，一般制单与出纳不能为同一人，制单一般由会计人员完成。

（2）付款凭证

有收款凭证同时就会有付款凭证，付款凭证是用来记录公司的各项与现金或银行存款有关的业务，如图 1-10 所示。

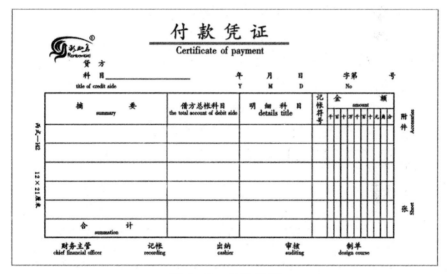

图 1-10　付款凭证

（3）转账凭证

在收付款凭证之外还存在一种凭证，它反映的是与现金或银行存款的收付业务无关的其他业务，根据转账业务的原始凭证填制而成，其效果如图 1-11 所示。

转账凭证的填写和收付款凭证的填写基本相似，不同的是，在金额栏内，需要对于借方的金额及贷方的金额都进行填写，而且数据要保持平衡，即借方金额和贷方金额一般要相等。

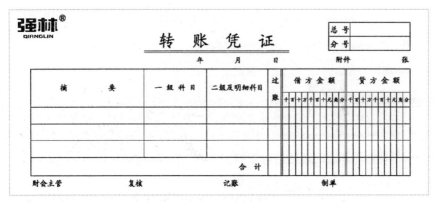

图 1-11　转账凭证

填制原始凭证的注意点

无论是手工会计还是电算化会计，在制作账目时，都会有一些注意事项，因此作为基石的原始凭证的正确填写就显得更为重要，因此在填写时我们要注意以下几点。

◆ 大写金额用正楷或行书：大写金额用汉字壹、贰、叁、肆、伍、陆、柒、捌、玖、拾、佰、仟、万、亿、元、角、分、零和整等，一律用正楷或行书字书写，大写金额到元为止的，后面要写"整"或"正"字；到角为止的，可以写"整"或"正"字；有分的，不写"整"或"正"字。

◆ 编号连续不涂改：如果原始凭证已预先印定编号，在写坏作废时，应加盖"作废"戳记，原始凭证有错误的，应当由出具单位重开或更正，更正处应当加盖出具单位印章；原始凭证金额有错误，应让出具单位重开，不得在原始凭证上更正。

◆ 完整、真实记录内容：所要求填列的项目必需逐项填列齐全，不得遗漏和省略，并且所填列的经济业务内容和数字，必须真实可靠，符合实际情况。

◆ 盖章、签字不可少：单位自制的原始凭证必须有经办单位领导人或者其他指定的人员的签名盖章；从外部取得的原始凭证，必须盖有填制单位的公章。

◆ 小写金额逐个填写：一定不要忘记人民币符号“¥”的填写，而且与阿拉伯数字之间不得留空白；金额数字一律填写到角、分，无角、分的，写“00”或符号“—”。

下面通过具体的实例讲解如何根据发生的业务填写会计凭证。

××公司是增值税的一般纳税人，为了生产经营的需要，销售了一批库存商品 20 万元，缴纳增值税 3.4 万元，那么我们据此可以填写收款凭证，如图 1-12 所示。

强林® QIANGLIN

收 款 凭 证

总号	
分号	

借方科目 银行存款　　2015 年 03 月 15 日　　附件　　张

摘要	应贷科目		过帐	金额										
	一级科目	二级及明细科目		亿	千	百	十	万	千	百	十	元	角	分
销售库存商品	主营业务收入					¥	2	0	0	0	0	0	0	0
	应交税费	应交增值税					¥	3	4	0	0	0	0	0

上海强林纸品有限公司10-30

财会主管 李×× 记帐 唐×× 出纳 燕×× 复核 李×× 制单 刘××

图 1-12 填写收款凭证

首先，我们可根据公司发生的一系列经济事项，填写相关的会计凭证，因为该业务是因为销售产品发生，是公司的一种主营业务收入，那么就可以在借方科目上填写为银行存款，相对来说，摘要栏没有具体的限制，只需要将发生的经济业务解释清楚即可。

当填写完摘要以后，就需要对贷方科目进行填写，此时一级科目栏下应填写为主营业务收入和应交税费，同时在应交税费的二级科目下，填写随着商品销售所发生的应交增值税，填写完成以后，需要在金额栏填写与会计科目相应的数字，如主营收入为20万元，增值税为3.4万元，注意一定不要忘记人民币符号的填写，否则就可能被人为地修改相应的金额。

 # 会计账簿：财务报表的"父亲"

自古以来，各行各业对于经营的所得都会有相关记录的账簿，如客栈摇着算盘的掌柜，一边打算盘一边记录各种账簿。到现在，这样的账簿仍应用于各行各业，不过已经没有算盘，而是通过手工或计算机计算而得，我们称这类账簿为会计账簿，它是财务报表数据的直接来源。

对于新公司而言，由于财务活动比较杂乱，尤其需要建立好会计账簿，本节将深入介绍什么是会计账簿，以及新公司在登记会计账簿需要注意的事项。

简单认识会计账簿

一般公司在发生各项经济业务后，财务人员都会根据原始凭据填写相应的会计凭证，如收款凭证、付款凭证和转账凭证等，但因为此类会计凭证数量较多，而且较分散，且单一的凭证上记载的经济内容业务相对单一。

经营管理者不能对公司的全部经济业务活动进行了解，也不方便财务人员后期的查询。因此现在各大公司都在会计凭证的基础上，设置各类会计账簿，将各种分散的会计凭证进行分类汇总，记录在各类会计账簿上。

现在会计账簿的样式较多，不同的账簿具有不同的特色，但总体来说，会计账簿必须包括以下三大内容。

一是封面，它标明账簿名称，如现金日记账和银行存款日记账等；二是扉页，它将展示会计账簿的各种使用信息，如科目索引、财务人员和科目类别等；三是账页，它一般包括总账科目、明细科目、日期栏、种类和号数栏、摘要栏和金额栏等。

当然会计账簿的内容远远不止这些，以上三点只是比较主要的内容，下面就让我们更详细地了解会计账簿的分类。

◆ 序时账簿

序时账簿是根据公司发生的各项经济业务的时间顺序，逐笔填写的会计账簿，一般会计人员会对每天的经济业务进行填写，如现金日记账或银行日记账，这里以现金日记账为例介绍。

现金日记账的具体内容包括现金日记账的封面、现金日记账的扉页和现金日记账的账页。

图 1-13（左）所示为现金日记账的封面，其上会有日记账的名称，同时还有一些公司的名称；右图为现金日记账的扉页，在该页面中，主要呈现的是现金日记账的扉页，关于该账簿名称、单位负责人、会计机构的负责人及财务人员的名称等。

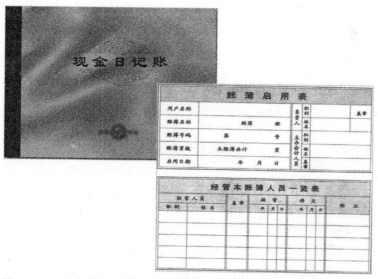

图 1-13　现金日记账的封面（左）和现金日记账的扉页（右）

图 1-14 所示为现金日记账的账页，类似于凭证的填写，在该页面上需要填写摘要、对方科目和收入支出金额等，同时需要填写相关的凭证编号。

现金日记账

20××年度

第1页

××年		凭证		摘要	对方科目	收入										支出										金额									
月	日	字	号			千	百	十	万	千	百	十	元	角	分	千	百	十	万	千	百	十	元	角	分	千	百	十	万	千	百	十	元	角	分
4	1			月初余额																									4	0	0	0	0	0
	2	收	2	零售收现	主营业务收入					8	0	0	0	0																				
		付	3	预支差旅费	其他应收款															4	0	0	0	0										
		付	4	付困难补助	应付福利费															6	0	0	0	0										
		付	11	购办公品	管理费用														1	3	6	0	0	0										
4	2			本日小计						8	0	0	0	0					2	3	6	0	0	0					2	4	4	0	0	0
				……	……																														
				本月合计				2	2	6	8	0	0	0				1	2	0	8	0	0	0				1	4	6	0	0	0

图 1-14　现金日记账的账页

◆　总账与明细分类账簿

根据提供的信息的详细程度，可分为总分类账簿和明细分类账簿，前者一般用来登记全部的经济业务，而明细分类账，一般用来登记具体的某一类的经济业务，提供的资料相对来说比较详细。

图 1-15 所示为上图总账的扉页，该页面是关于总账科目的索引表，内容包括库存现金、银行存款、应收账款、应付账款、应付职工薪酬、生产成本、制造费用、主营业务收入和销售费用等。下图就是关于其中应付账款的总分类账。

总账科目索引表

页数	科目	页数	科目	页数	科目	页数	科目
	库存现金		生产成本				
	银行存款		制造费用				
	应收账款		主营业务收入				
	原材料		主营业务成本				
	库存商品		营业税金及附加				
	持有到期投资		销售费用				
	固定资产		管理费用				
	累计折旧		财务费用				
	短期借款		所得税费用				
	应付账款		营业外支出				
	应付职工薪酬						
	应付利息						
	应交税费						
	应付股利						
	长期借款						

图 1-15　总账科目索引表（上）和应付账款（下）

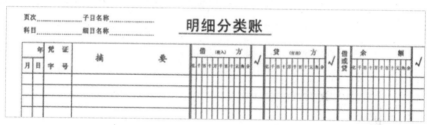

图 1-15　总账科目索引表（上）和应付账款（下）（续）

与总类账相对的就是明细分类账，如图 1-16 所示，一般会在该账目的封面表明，而对于表里的具体内容需要填写相应的年、月、日、凭证编号、摘要、借贷方金额及最后的余额。

图 1-16　明细分类账

登记会计账簿的几点简单要求

不同的会计账簿所显示的内容不同，但是它们都会遵循一定的规律，为了保证会计账簿信息的准确，使后期制作的报表具有一定的真实性，在登记账簿时，要注意以下要求。

◆　登记依据要真实：为了保证账簿记录的真实、正确，必须根据财务人员审核无误的会计凭证进行登账。各单位每天发生的各种经济业务，都要依据会计凭证进行记账。

◆　明确登记的时间：总分类账一般按照单位所采用的会计核算形式及时登账；明细分类账每天进行登记，也可以 3～5 天登记一次，现金日记账和银行存款日记账，应每天登记一次。

◆　登记内容要齐全：应当将会计凭证日期、编号、业务内容摘要，金额和其他有关资料逐项记入账簿，同时记账人员要在记账凭证上签名或盖章，应当注意漏记、重记和错记的情况。

◆ 按一定的顺序登记：各种账簿需要根据一定的顺序进行登记，不能跳行或隔页。如果发生该种情形，应划线注销，或注明"此行空白"或"此页空白"字样，由记账人员签名或盖章。

◆ 书写要规范：账页要保持干净、整洁，无论是文字还是数字都要端正、清楚，数字一般应占账簿格距的1/2，以便留有改错的空间。登记账簿时，用蓝黑墨水或者碳素墨水书写，不能用圆珠笔书写，可用红色墨水来进行红字冲销。

◆ 余额定期结出：现金日记账和银行存款日记账必须每天结出余额，当结出余额后，可在"借或贷"栏内写明"借"或"贷"的字样。如果没有余额，那么可在该栏内写"平"字并在余额栏"元"位上用"0"表示。

在对会计账簿的相关知识有一定了解以后，我们就需要去了解它的实际应用，比如当会计账簿登记错误以后该怎么办？

通常，当财务人员发现由于收款凭证或付款凭证的登记错误从而使会计账簿登记错误，那么就可以通过重新填写一张红字凭证，从而更正账簿。一般在两种情况下，可适用于红字更正法，下面通过实例讲解会计账簿的红字更正法。

甲公司最近购进一批原材料1 500元，该笔费用通过银行存款支付，当财务人员填制记账凭证时，将贷方科目记作了制造费用，并且最后在填制会计账簿时，也根据此处填写入账。

那么财务人员在更正时，可用红墨水填写一张记账凭证，贷方科目仍为制造费用，借方科目为原材料，同时用蓝黑墨水填制一张正确的记账凭证，贷方科目改为生产成本，借方科目不变，同时在摘要栏内，填写凭证更正，并且还需要填写错误凭证的号数及日期。如图 1-17 所示。

记账凭证 2015 年 1 月 15 日																			
摘 要	总账科目	10明细科目	借 方 金 额							贷 方 金 额							记账符号
			万	千	百	十	元	角	分	万	千	百	十	元	角	分	
更正1月12日第	制造费用			1	5	0	0	0	0								✓
06号凭证错误	原材料										1	5	0	0	0	0	✓
合 计			￥	1	5	0	0	0	0	￥	1	5	0	0	0	0	

记账凭证 2015 年 1 月 15 日																			
摘 要	总账科目	明细科目号	借 方 金 额							贷 方 金 额							记账符号
			万	千	百	十	元	角	分	万	千	百	十	元	角	分	
补记1月12日账	生产成本			1	5	0	0	0	0								
	原材料										1	5	0	0	0	0	✓
合 计			￥	1	5	0	0	0	0	￥	1	5	0	0	0	0	

图 1-17　红字更正会计凭证

 # 所有者权益变动表：
看公司的股东有没有增加

对资金不足的创业者而言，实现创业最快捷的方法就是合伙创业，那么公司在成立之时便会有多个股东。并且随着公司的发展，或许还会引进新股东，此时便会召开股东大会。对于股东的变动情况，会直接记录到所有者权益表中。本节将具体介绍有关所有者权益表的相关内容。

简单认识所有者权益变动表

所有者权益变动表是反映公司一个会计年度或年度中期的所有者权益变动情况的报表。

该表会反映所有者权益的利得或损失项目、所有者投入的资本、向所有者分配的利润、期末提取的盈余公积、实收资本、资本公积、盈余公积和未分配利润等，一般会以矩阵的方式呈现。

所有者权益变动表的模板

公司的所有者权益变动表一方面会列示出所有者权益变动的来源，另一方面会列示出各交易事项对于所有者权益的影响，具体如图1-18所示。

所有者权益变动表											
编制单位：×公司					单位：元						
项目	本年金额					上年金额					权益合计
	实收资本	资本公积	减：库存股	盈余公积	未分配利润	权益合计	实收资本	资本公积	减：库存股	盈余公积	未分配利润	
一、上年年末余额											
加：前期纠正											
二、本年年初余额											
三、本年增减变动金额（减少以"-"号填列）											
（一）净利润											
（二）直接计入所有者权益的利得和损失											
1.可供出售金融资产公允价值变动额											
2.权益法下被投资单位所有者权益变动的影响											
3.与计入所有者权益项目相关的所得税影响											
4.其他											
上述（一）和（二）小计											
（三）所有者投入和减少资本											
1.所有者投入资本											
2.股份支付计入所有者权益金额											
3.其他											
（四）利润分配											
1.提取盈余公积											
2.对所有者（或股东）的分配											
3.其他											
（五）所有者权益内部结转											
1.资本公积转增资本											
2.盈余公积转增资本											
3.盈余公积弥补亏损											
4.其他											
四、本年年末余额											

图1-18　所有者权益变动表

相对来说，所有者权益变动表比资产负债表、现金流量表和利润表的填写会更容易一些，所以人们常说三大报表，往往将所有者权益变动报表遗忘了。

当公司成立时，投资者的出资额将全部被划入会计科目的"实收资本"，随着公司的发展壮大，会有不同的股东加入，此时相同的出资额发挥的作用是不同的。

为了起到一定的公平作用，此时就产生一个公式来确定股东的出资总额，假设为 M，M=（实收资本 + 留存收益）/（1 –欲占注册资本比例）× 欲占注册资本比例，经过该公式计算得出的金额计入"实收资本"，超过部分计入"资本公积"。

下面通过一个案例讲解新股东如何计算出资额。

> 王先生、刘先生和张先生各自出资 200 万元，成立了一家有限责任公司，此时实收资本 600 万元，经过 3 年的发展，公司的留存收益为 300 万元，此时有投资者吴先生申请加入，并要求他的出资额要占公司注册资本的 25%。
>
> 经过协商，三位投资者同意他的申请，通过公式计算出了吴先生的出资额，出资额 =（600+300）/75%×25%=300 万元。
>
> 其中相对于其他几位股东的出资额，200 万元计入实收资本，而超出的 100 万元，计入资本公积。

通过上例可知，如果新的投资者想拥有与以前的投资者相同的股份，那么出资的股本相应就会更高。

如上例的吴先生出资 300 万元，可与另三位股东一样拥有公司 25% 股份，却要超过其他股东出资额 100 万元，这也从另一方面说明了投资的时间成本。

同时也提醒投资者，如果想要投资一家公司，成为一家公司的股东，一定要先算好自己的出资额及股份的含金量。

会计分录：财务人员每天做的第一件事儿

新成立的公司，购入设备是最常见的经济业务，当这些经济业务产生后，财务人员会首先对该经济业务进行记录，接下来才会进行凭证的填制、会计账簿的登记、财务报表的编制工作，如果在这些过程中出现错误，财务人员可以返回，对相应的会计分录进行查询考证。那么什么是会计分录呢？

会计分录编制的步骤

会计分录指在记账规则的要求下，对于发生的经济业务，按照账户名称、记账方向和金额等内容如实填写，它具有一定的格式和要求。一是它要求借贷要分行写，文字和数字金额需对应，二是它的形式可为一借一贷、一借多贷或一贷多借，且借贷双方的文字与金额要对应。

相对简单的一借一贷的会计分录称为简单分录，一借多贷或一贷多借的分录称为复合分录，一借一贷的形式常被使用，对于经济业务较多的公司，后两者常被使用。

当财务人员在编制会计分录时，需要遵循一定的顺序，在编制时需要遵循一定的步骤，具体步骤如下。

- ◆ 第一步：分析发生该经济业务后，资产、负债、收入或费用账户会发生的变化。
- ◆ 第二步：在明确账户后，分析所涉及账户中具体的会计科目。
- ◆ 第三步：确定增减情况，明确账户增加或减少的具体金额。
- ◆ 第四步：确认方向，将增加或减少的金额，分别填入账户的借方或贷方。
- ◆ 第五步：查看记录是否正确，借贷双方的金额是否相等。
- ◆ 第六步：根据相应的格式要求，保证会计分录准确和完整。

如何编制会计分录

财务人员在编制分录的过程中，还要注意几点，当发生相应的经济业务时，应先借后贷，借方在上，贷方在下，贷方的记账符号、账户、金额比借方退后一格，借方在左，贷方在右，举例如下。

甲公司的采购员，在 2016 年的 4 月 10 日，到异地采购了一批原材料，并委托开户银行付款 20 万元到采购地设立的采购账户，公司的财务人员收到了银行汇款的回单联凭证。

在 4 月 20 日，采购员交付给财务人员购入原材料的相关凭证，如增值税专用发票，上面原材料价款为 10 万元，增值税为 1.7 万元，在 4 月 30 日，公司收到了银行的收款通知，通知公司采购账户中的结余款项已经转回，最后，财务人员根据相应的凭证，编制了相应的会计分录如下。

当开户银行付款 20 万元到采购账户时，会计分录如下。

借：其他货币资金——外埠存款　　　　　200 000

　　贷：银行存款　　　　　　　　　　　200 000

当财务人员收到增值税专用发票时，可做如下的会计分录。

借：原材料　　　　　　　　　　　　　100 000

　　应交税费——应交增值税（进项税）　17 000

　　贷：其他货币资金——外埠存款　　　117 000

当转回剩余款项时，财务人员可做会计分录如下。

借：银行存款　　　　　　　　　　　　83 000

　　贷：其他货币资金——外埠存款　　　83 000

如上例所示，就是遵循的借方在上，贷方在下，借贷双方金额保持平衡的原则，相对来说，除了上例会计分录的记录外，还存在一种丁字形的会计分录。

丁字形账户是一种简单的账户格式，因为账户的整个账户机构像大写字母"T"或汉字"丁"形式，一般会有左右方，左方为"借方"，右边为"贷方"，当发生的经济业务被记录在左方时，称为"借记"账户，记录在右方称为"贷记"账户，如图1-19所示。

固定资产		实收资本	
期初余额　460 000		期初余额　460 000	
①　　　　190 000		①　　　　190 000	
本期发生额 190 000		本期发生额 190 000	
期末余额　650 000		期末余额　650 000	

原材料		应付账款	
期初余额 116 000		⑧ 14 000	期初余额 93 600
④　　　　50 000	(12) 46 000	(10) 4 500	④　　　　50 000
本期发生额	本期发生额	本期发生额	本期发生额
50 000	46 000	18 500	50 000
期末余额 120 000			期末余额 125 100

图1-19　丁字形账户

图1-19中的丁字形账户，其中"固定资产"和"原材料"账户为借记账户，"实收资本"和"应付账款"为贷记账户。该类账户主要从期初余额、发生额和期末余额进行填写。

试算平衡表：查看收入与支出有没有平衡

无论是制作各类凭证，还是填制各种会计账簿，甚至是后期的各类报表，能不能通过一把标尺来衡量它呢？答案是肯定的，这把标尺我们称为试算平衡表。

对于初创公司而言，利用试算平衡表来检查借贷数据是否平衡非常重要，如果在创办初期，就遗留了各种财务收支不平衡的数据记录，随着经济业务的逐渐增多，要想厘清就很麻烦了。下面就来简单地认识一下什么是试算平衡表。

简单认识试算平衡表

试算平衡表的主要功能是检查各类财务账户中的借贷双方能否保持平衡，监督任务如下。

首先，检查财务人员根据会计分录计算出的借贷金额是否平衡；其次，检查总分类账户中的借贷双方的发生额是否一致；最后，检查总分类账户中的借贷双方的余额是否保持一致。

在试算的过程中，会使用到以下几个公式。

◆ 期初余额公式：全部账户的借方期初余额合计 = 全部账户的贷方期初余额合计。

◆ 发生额公式：全部账户的借方发生额合计 = 全部账户的贷方发生额合计。

◆ 期末余额公式：全部账户的借方期末余额合计 = 全部账户的贷方期末余额合计。

试算平衡表可分为两大类：一是通过本期发生额及期末余额分别单独列表，二是将本期发生额及期末余额同列明在一张表上。在财务人员制账过程中，通过检查试算平衡表来检查账簿记录是否准确的方法，不能保证试算平衡就不能保证账户凭证没有错误。

相对来说，有些账簿记录的错误也不会影响借贷的平衡，如重记、漏记或将借贷双方记错位置，那么通过试算平衡表就不一定能发现相关错误，从而就会为后期制账过程埋下隐患，这就要求财务人员在制账过程中一定要仔细。

试算平衡表模板

试算平衡表也具有一定的模板，一般会包括日期、凭证号、摘要、编号、科目名称和借贷方余额等，通过列出发生的各项经济业务，并且填入相应的金额。注意在填写过程中，一定要填写准确，特别是对于"0"的输入，如图1-20所示。

试算平衡表						
日期	凭证号	摘要	编号	科目名称	借方金额	贷方金额
2015/8/1	001	提取现金	1001	库存现金	¥3 000.00	
2015/8/1	001	提取现金	100201	银行存款-工商银行		¥3 000.00
2015/8/1	002	采购原材料	1403	原材料	¥1 000.00	
2015/8/1	002	采购原材料	2202	应付账款		¥1 000.00
2015/8/2	003	销售产品	100202	银行存款-农业银行	¥20 000.00	
2015/8/2	003	销售产品	6001	主营业务收入		¥20 000.00
2015/8/4	004	销售产品	1122	应收账款	¥5 000.00	
2015/8/4	004	销售产品	6001	主营业务收入		¥5 000.00
2015/8/5	005	购买设备	1601	固定资产	¥10 000.00	
2015/8/5	005	购买设备	100201	银行存款-工商银行		¥10 000.00
2015/8/5	006	购买螺丝刀	1412	包装物及低值易耗品	¥2 000.00	
2015/8/5	006	购买螺丝刀	1001	库存现金		¥2 000.00
2015/8/6	007	购买办公用品	6602	管理费用	¥20 000.00	
2015/8/6	007	购买办公用品	1001	库存现金		¥20 000.00
2015/8/8	008	收回账款	100201	银行存款-工商银行	¥5 000.00	
2015/8/8	008	收回账款	6001	主营业务收入		¥5 000.00
2015/8/9	009	销售产品	100202	银行存款-农业银行	¥6 200.00	
2015/8/9	009	销售产品	6001	主营业务收入		¥6 200.00
				总计	¥72 200.00	¥72 200.00
				是否平衡	平衡	

图1-20 试算平衡表模板

chapter

02

有多少家底，看资产负债表的资产

认识各类资产、相关算法和管理方法

    对于新成立的公司而言，虽然资产形成较少，但是资产的管理却非常重要，它是衡量一个公司资产多少的重要参数。那么，新公司成立会存在哪些资产呢？这些资产如何管理呢？本章将针对这些问题进行详细讲解。

从资产开始认识资产负债表

新公司老板，要了解公司的家底有多少，最直接的方式就是看资产负债表。在认识资产负债表之前，首先要认识它所包含的具体内容，它包含的内容很多，大体来说，可以从三大方面进行着眼，资产、负债、所有者权益，本章就从资产的认识开始。

资产的组成

所谓资产，简单地说就是为公司所拥有的，预期能给公司带来一定收益的一种资源，不同的划分标准，划分出的资产项目不同，按照是否是具体的实物形态，一般可分为有形资产和无形资产；根据来源的不同还可划分为自有资产和租入资产，如自有的一些机器设备和租住的办公大楼等。

而我们所说的资产负债表的资产是根据资产的流动性高低来划分的，具体如下。

◆ 流动资产，是指资产的流动性较高的资产，如公司的货币资金、应收账款、应收票据、交易性金融资产和预付款项等。

◆ 非流动资产，一般指流动资产以外的资产，如固定资产、无形资产、长期股权投资、在建工程、长期待摊费用和投资性房地产等。

从会计科目、会计等式和会计公式去认识资产

我们认识资产的目的是为了在后期编制资产负债表时，能明确它的数据来源，以及检验它的正确性，下面就通过图 2-1 所示的资产负债表来认识这些资产。

资产负债表			
单位名称：××公司	日期：2015 年 1 月 31 日		单位：元
资产	行次	期初数	期末数
流动资产			
货币资金	1	¥187 000.00	¥22 380.00
应收账款	2	¥5 000.00	¥93 000.00
其他应收款	3	¥600.00	¥1 200.00
材料采购	4	-	¥21 700.00
原材料	5	¥60 000.00	¥75 000.00
库存商品	6	¥45 000.00	¥45 000.00
生产成本	7	¥68 000.00	¥108 000.00
待摊费用	8	¥1 800.00	¥9 680.00
非流动资产			
长期股权投资	9	¥24 000.00	¥74 000.00
固定资产原值	10	¥425 400.00	¥505 400.00
减：累计折旧	11	¥20 000.00	¥30 000.00
固定资产净值	12	¥405 400.00	¥475 400.00
无形资产	13	¥70 500.00	¥70 500.00
资产总计		¥867 300.00	¥995 860.00

图 2-1　资产负债表的资产

图 2-1 就是某单位的资产负债表中资产的构成，也就是通过会计科目，如货币资金、应收账款和其他应收款等构成流动资产，并通过相应金额的相加或相减，得出的资产合计。这里是对于会计公式的运用，如非流动资产 = 长期股权投资 + 固定资产净值 + 无形资产。

当然我们常用的会计等式还包括资产 = 负债 + 所有者权益，一般被称为静态公式，此外，还有相对应的动态公式，如收入 - 费用 = 利润。

下面来看一家公司收回出租的写字楼后，账务如何处理的案例。

公司对外出租的写字楼，在出租前和收回后在账务中的处理是不一样的，出租前除了本身作为固定资产计入资产科目，同时产生的租金收入，计入其他业务收入，而当收回以后，那么账目处理就会发生相应的变化，具体举例如下。

甲公司是一家房地产开发公司，在2015年5月，公司收回了租期已满的某处写字楼，准备自用或作为存货处理，在2015年6月，写字楼的公允价值为1.06万元，原账面价值为1.05万元，其中的成本为1万元、公允价值变动为500元。

财务人员可以做出如下的会计分录，并登记入账。

借：固定资产——写字楼　　　　　　　　　　10 600

　贷：投资性房地产——写字楼（成本）　　　　10 000

　　　　　　　——写字楼（公允价值变动）　　500

　　公允价值变动损益　　　　　　　　　　　100

如果公司将该办公楼作为存货，那么财务处理就存在一些不同，具体如下。

借：开发产品　　　　　　　　　　　　　　10 600

　贷：投资性房地产——写字楼（成本）　　　　10 000

　　　　　　　——写字楼（公允价值变动）　　500

　　公允价值变动损益　　　　　　　　　　　100

上例中，我们对于财产的估值都采用了公允价值，但什么是公允价值呢？它是指市场中买卖双方在公平交易的条件下所确定的价格，即使买卖双方现在还未达成交易，但是对于交易的资产可以作为参考，它一般由资产评估机构评估得来，公司在对财产进行处理时，可以作为参考的依据。

货币资金：公司的宝藏

在会计科目表或资产负债表里，最常看到的就是"库存现金"与"银行存款"，它们都属于公司的财富，由于多以一种货币的形态为代表，因此也被称为"货币资金"。它们是公司一笔明显的宝藏，作为新公司的老板，需要学会看懂这笔宝藏。

简单认识货币资金

货币资金，简单来说就是一个公司在它不断地生存经营，不断地发展壮大中，除了一些生产设备、办公楼和运输工具等实物的资产，还会存在一种以货币形态存在的资产，如库存现金、银行存款和其他货币资金，具体介绍如下。

- ◆ 库存现金：以现金的形式，由公司的出纳人员保管，用于公司日常与现金收入或支出业务相关的结算。
- ◆ 银行存款：一般公司会选择一家银行进行开户，然后在开户银行进行存款、取款和转账等业务的办理，存在银行的资金称为银行存款，同时公司需要编制相关的日记账。
- ◆ 其他货币资金：一般指除了现金和银行存款之外的公司的一种货币资产，包括银行汇票、本票、信用卡、信用证保证金和外埠存款等。

相对来说，前两种货币资金我们常用到，而对于其他货币资金，我们使用得较少，但是对于其中的汇票、本票和外埠存款等，则常常用于公司的转账结算。

货币资金的特性

从货币资金的定义看，它主要用于公司在生产经营中用于支付的资金，对于公司的交易密切相关，如公司购入设备、原材料和缴纳税费的资金，都是公司的货币资金。

在货币资金中，常用的就是库存现金和银行存款，也可称为现金，货币资金具有货币性、通用性、流动性的特征。

它的货币性主要体现在它是一种交易的媒介，是用于价值衡量的货币单位，通用性主要体现在可用于直接支付公司的各项费用，流动性主要体现在货币资金的现金上，它是公司资产中流动性最强的货币资产，可在一定的范围内自由流动。

库存现金：可握在手里的珍宝

库存现金作为货币资金的重要组成部分，更是公司的库存中的珍宝，在经营中可以狭义地定义为现金，然而公司该如何去管理这些现金，保证公司在需要支付时，有金可取呢？

◆ 库存现金留存于公司

对于公司中的货币资金大部分是托管于银行的，那么还有一部分以现金的形式留存于公司出纳人员的保险箱中，这部分资金就是库存现金。

库存现金一般会由开户银行进行核定，财政部规定了公司本身能够留存现金的最高额，一般是 3 ～ 5 天日常开销的费用，如果存在特殊情况，如一些边远山区，交通不便，那么公司的库存现金额可留存 3 ～ 15 天的额度，超过部分在财务人员单位结算当日送交银行。

◆ 库存现金的管理

对于公司的库存现金一般要进行内部控制，如库存现金的收付要拥有一定的原始凭证，同时在公司内部建立发票和收据的领用制度，安排多人对现金进行管理，管理实物现金的出纳和登记入账的出纳分开，实行轮换制度，除了管理现金的出纳人员，财务部门的其他人员一起对其进行监督。

除了进行内部控制外，公司对库存现金的管理还应该做到以下两点要求。

（1）对于日常现金的处理

库存现金一般用来支付职工薪酬、津贴、劳务报酬、奖金、出差人员的差旅费和银行存款结算起点以下的一些零星的开支。公司在对于库存现金的处理中需要遵循一定的规定，具体如图 2-2 所示。

1　当需要从开户银行提取现金时，在写明了具体的用途以后，需要相关的财务人员进行签字或盖章，然后由开户银行审核。

2　当公司需要支付相关的现金时，不能直接从现金收入中支取，否则就是坐支，一旦坐支，需要及时登记入账。

3　一般公司当日的现金收入应在当日送存于开户银行，如果当日不能送存，由开户银行来确定送存的时间。

4　不能"白条顶库"，即相关财务人员不能通过一些不符合规定的会计凭证代替库存现金进行现金入库。

5　不能"公款私存"，财务人员不能将公司收入的现金，以个人的名义进行存款，同时也不能在银行的公司账户上支取个人用途的现金。

6　不能设置"小金库"，公司不能在内部私设一个小钱柜，将日常收入的一些现金直接放入该钱柜，成为一个小金库。

图 2-2　管理库存现金的几点注意事项

（2）库存现金日记账的填写

对于现金的收入、支出和结余等，财务人员一般会填写进"库存现金"的科目，并根据每天的变化登记现金日记账，库存现金在借方表示当前现金的增加，登记在贷方表示余额的减少。

财务人员根据凭证，填写相应的日记账，库存现金的日记账样式如图 2-3 所示。

库存现金日记账

第1页

××年		凭证号数	摘　要	对方账户	收入	支出	结余
月	日						
1	1		上年结余				1 000
1	1	银付1	提现，备发工资	银行存款	9 452		
1	1	现收1	收包装物押金	其他应付款	3 000		
1	1	现付1	借差旅费	其他应收款		1 000	
1	1	现付2	发放工资	应付工资		9 452	
1	1		本日合计		12 452	10 452	3 000

图 2-3　库存现金日记账

一般公司会按照规定，对库存现金进行定期或不定期的清查，通常情况会采取实地盘点法，并且财务人员对于清查的结果会编制相应的现金盘点报告，具体如图 2-4 所示。

库存现金盘点表

清点现金			核对账目		
货币面额	张数	金额	项目	金额	备注
100	6	600	现金账面余额	880	
50	3	150	加：收入凭证未记账		
20			减：付出凭证未记账		
10	9	90	加：跨日收入	1 970	
5	8	40	减：跨日借条	1 960	
2	5	10	调整后现金余额	890	
1			实点现金	890	
0.5			长款		
0.1			短款		
1					
实点　合计		890		890	
出纳：张×		盘点人：李×		监盘人：吴×	

图 2-4　库存现金盘点表

如果在盘点过程中，发现私自挪用公司的现金或者白条抵库的现象，应及时纠正；发现超额的库存，应该及时地送交银行；如果发现不明原因的现金丢失或盈余，应暂时计入"待处理财产损溢"科目。

银行存款：公司外放的财富

为了方便管理公司的金钱，管理者需要将私人账户与公司账户区分开来，通常，在注册公司时，就要求公司开立公司的银行账户。那么，对于公司的银行存款该如何管理呢？

◆ 银行存款日记账

银行存款指的是公司将日常经营所得的货币资金放于银行或其他的金融机构，一般会设置银行存款总账和日记账，对于银行存款的日记账，一般包括收入、支出和结余三栏式，一般由公司的出纳根据银行存款收、付款凭证登记而成，具体如图2-5所示。

图 2-5　银行存款日记账

图2-5中的银行存款日记账是序时账簿的样式，通过该日记账可以对公司的银行存款的收支状态进行一定的了解。

◆ 银行存款余额调节表

一般财务人员为了确保后期制账的精确性，一般会半月或一个月，将银行存款日记账与银行对账单进行核对，如果两者之间存在一定的差额，说明两者之间存在还未到达的资金，如对于某一机器设备的购买，公司已经付款，而银行还未付款，这样也会使最终的余额不平衡。此时就应该编制相应的银行存款余额调节表，进行相应的平衡调节，如图2-6所示。

银行存款余额调节表			
			单位：元
项目	金额	项目	金额
企业银行存款日记账余额	120 000	银行对账单余额	128 400
加：银行已收企业未收	10 000	加：企业已收，银行未收	2 200
减：银行已付，企业未付	5 200	减：企业已付，银行未付	5 800
调节后的存款余额	124 800	调节后的存款余额	124 800

图 2-6　银行存款余额调节表

如上图所示，财务人员编制银行存款余额调节表，最初一方余额为12万元，另一方为12.84万元，经过调整后都达到12.48万元。

经过余额表的调整后，公司的财务人员需要做出一定的账务处理，其中对于银行已经入账而公司尚未入账的未达账项，不能直接以银行转来的对账单作为原始凭证进行账务处理，而应以实际金额与收款原始凭证作为入账的依据。

◦ 提 示 ◦

资金未达的情况有4种：①公司已经收回账款并登记入账，而银行还未入账；②公司已经支付相应的货款并登记入账，而银行还未支付入账；③银行已经收回款项并入账，而公司还未收款并入账；④银行已经支付相应的款项并入账，而公司还未支付相应款项。

其他货币资金：银行汇票、本票、信用卡

在公司的日常经营中，除了库存现金和银行存款之外还包括其他货币资金。

其他货币资金是指在库存现金、银行存款之外的货币资金，如银行汇票存款、本票存款、信用卡存款和外埠存款等，对于公司来说常常会用到银行汇票、本票和外埠存款，来满足生产经营的采购需要。

这里我们简单介绍公司常用的银行汇票，它不仅可用于同城的结算还可以用于异地的结算，汇票用于日常结算的程序如图2-7所示。

公司需要填写银行出具的"银行汇票申请书"，包括收款单位名称、金额和申请单位名称等，当所有要求的信息填写完成以后，需要签字盖章。

图2-7 银行汇票的结算程序

银行受理公司的汇票申请，并签发银行汇票，在印出票面金额以后，会将银行汇票和解讫通知交回给申请人。

公司将收到的银行汇票和解讫通知交给交易的收款单位，注意收款人一定要与汇票上的收款人相同。

收款人在票面金额以内，办理相关结算，收款人也可以选择将该票面金额转让，但是不能超过票面金额，超过无效。

收款人不能超过银行汇票的出票期限向银行提示付款，超过期限，银行不会受理，银行的付款期限一般为出票日起一个月内。

如果收款人的银行汇票丢失，则可以通过向人民法院申请出具享有票据权利的证明，要求银行付款。

图 2-7　银行汇票的结算程序（续）

当公司通过银行汇票进行结算以后，需要进行一些会计凭证的填写，为后期报表的制作打下数据基础，举例如下。

　　上海的甲公司在 2015 年 8 月 1 日的时候，因为生产的需要，在四川采购了一批原材料，价格为 10 万元，并向开户银行申请了"银行汇票委托"，银行受理后，给予了公司银行汇票和解讫通知，公司将汇票交到了对方的公司。

　　同时在 8 月 10 日，公司财务人员收到了采购人员快递回来的采购材料相关发票，其中材料价格为 6.85 万元，增值税为 1.164 5 万元。

　　采购人员最后在 8 月 20 日，终于完成采购业务，于是将剩余的 1.985 5 万元，转回了公司的银行账户，银行给予了收款通知。最后财务人员根据相关的财务凭证，编制了相应的会计凭证。当公司将 10 万元以银行汇票的形式支付货款时，财务人员填写了相应的转账凭证，并填写了相应的会计分录，具体如下。

借：其他货币资金——银行汇票　　100 000

　贷：银行存款　　100 000

当财务人员将收回的材料价款登记入账时，需要填制相应的会计分录如下。

借：原材料　　68 500

　　应交税费——应交增值税　　11 645

　贷：其他货币资金——银行汇票　　80 145

当财务人员填写完成上述的会计分录后，根据相应的原始凭证就需要填写相应的记账凭证，由于这与公司的库存现金和银行存款没有直接关系，因此就不能直接填写收付款凭证，而是应该填写相应的转账凭证。

在此应填制两张凭证，第一张是关于银行汇票支付货款事项，第二张关于是公司支付相应的材料费的事项，由于第一张的填写较简单，在此不做详解，重点讲解第二张凭证的填写，具体如图 2-8 所示。

转账记账凭证

2015 年 08 月 20 日　　凭证编号 012

摘要	借方科目		贷方科目		金额（亿千百十万千百十元角分）	记账符号
	总帐科目	明细科目	总帐科目	明细科目		
购买原材料	原材料				¥6850000	
	应交税费	应交增值税			¥1164500	
			其他货币资金	银行汇票	¥8014500	
附单据　张	合		计			

会计主管人员 李××　记帐 张××　稽核 刘××　制单 吴××

图 2-8　填制记账凭证

应收账款是负债还是资产

应收账款是指公司因销售商品或提供劳务，会使相应的资金流入公司，一般包括商品的价格或垫付的各项包装费和运杂费等。很多新公司老板会因为这笔费用是垫付的，而被认为是负债，但它实际上也是公司的资产，下面就来深入了解有关应收账款的知识。

简单了解应收账款

一般公司会设置"应收账款"科目进行核算，一般在该科目的借方登记应收账款的增加，贷方登记收回的应收账款或一些坏账损失，余额一般在借方，表示公司现在还未能收回的应收账款。

那么对于应收账款的账务该如何去处理呢？举例如下。

> 小李是一家公司的会计人员，公司 2015 年 8 月向甲公司销售了一批商品，付款方式为托收承付的方式，即先收货后付款，商品的总价格为 50 万元，增值税为 8.5 万元，并且公司以银行存款垫付了包装费和运输费 1 万元，最后完成了托收手续。
>
> 小李根据此次业务，编制了相应的会计分录，最后再完成凭证的填写，他编制的会计分录具体如下。
>
> 借：应收账款　　　　　　　　　　595 000
>
> 　贷：主营业务收入　　　　　　　　500 000
>
> 　　　应交税费——增值税　　　　　85 000
>
> 　　　银行存款　　　　　　　　　　10 000
>
> 如果在 8 月 30 日，公司收到对方通过银行转来的部分款项 35.7 万元，那么小李就可以编制会计分录如下。

借：银行存款　　　　　　　　　　　357 000

　　贷：应收账款　　　　　　　　　　357 000

此时小李还可以根据相应的会计分录，进行会计凭证的填写，具体如图2-9和图2-10所示。

记账凭证

填表日期：　2015/8/30　　　　　　　　　　　　　　记 字 001 号

摘要	科目编号	科目名称	借方金额 百 十 万 千 百 十 元 角 分	贷方金额 百 十 万 千 百 十 元 角 分	记账
收到账款	1002	银行存款	3 5 7 0 0 0 0 0		
	1122	应收账款		3 5 7 0 0 0 0 0	
合计			3 5 7 0 0 0 0 0	3 5 7 0 0 0 0 0	

会计主管 章×× 　　　记账 李×× 　　　　审核 吴×× 　　　制单 汤××

附件 张

图 2-9　对方付款后填写记账凭证

记账凭证

填表日期：　2015/8/30　　　　　　　　　　　　　　记 字 001 号

摘要	科目编号	科目名称	借方金额 百 十 万 千 百 十 元 角 分	贷方金额 百 十 万 千 百 十 元 角 分	记账
销售商品	1122	应收账款	5 9 5 0 0 0 0 0		
	6001	主营业务收入		5 0 0 0 0 0 0 0	
	217101	应交税费－增值税		8 5 0 0 0 0 0	
	1002	银行存款		1 0 0 0 0 0 0	
合计			5 9 5 0 0 0 0 0	5 9 5 0 0 0 0 0	

会计主管 章×× 　　　记账 李×× 　　　　审核 吴×× 　　　制单 汤××

图 2-10　销售商品完成后填写记账凭证

应收账款的模板

一般而言，公司的财务人员会在每月月底对于公司的应收账款项目进行一次统计，包括未收回的款项和已经收回的账款，并分别计算出最终数据，具体如图2-11所示。

应收账款月报表

制表日期：2016 年 3 月 31   单位：元

序号	客户名称	期初应收款	本期产生的应收款	款项收回金额	期末未收金额
1	陈先生	¥40 000.00	¥30 000.00	¥54 000.00	¥16 000.00
2	李女士	¥21 000.00	¥37 200.00	¥50 200.00	¥8 000.00
3	刘先生	¥19 500.00	¥43 000.00	¥34 500.00	¥28 000.00
4	孙女士	¥37 500.00	¥63 000.00	¥68 500.00	¥32 000.00
5	王女士	¥44 000.00	¥69 000.00	¥84 000.00	¥29 000.00
1	杨女士	¥16 000.00	¥95 500.00	¥81 000.00	¥30 500.00
2	罗先生	¥8 000.00	¥44 000.00	¥34 000.00	¥18 000.00
3	张先生	¥28 000.00	¥40 000.00	¥38 000.00	¥30 000.00
4	林先生	¥32 000.00	¥37 500.00	¥25 000.00	¥44 500.00
5	吴女士	¥29 000.00	¥119 500.00	¥63 000.00	¥85 500.00
合 计		¥275 000.00	¥578 700.00	¥532 200.00	¥321 500.00

图 2-11　应收账款的月报表

除了对应收账款进行月报处理，财务人员还需要在期末编制资产负债表时，对于应收账款的存在时间和收回情况等方面进行分析，一般称为应收账款的账龄分析，这样可以更好地反映公司的资产负债情况，同时也可以据此评价公司的经营绩效。

对应收账款的账龄分析，除了应收账款月报表分析的内容之外还增加了收款日期、到期日期和未到期金额等，公司在对应收账款处理时，一般都会对其账龄进行分析，具体的计算如图 2-12 所示。

应收账款账龄分析表

当前日期：2016/3/31   单位：元

开票日期	客户名称	应收金额	已收款金额	未收款金额	收款期	到期日期
2016/1/6	刘先生	¥62 500.00	¥34 500.00	¥28 000.00	90 天	2016/4/6
2016/1/7	李女士	¥58 200.00	¥50 200.00	¥8 000.00	30 天	2016/2/6
2016/1/12	孙总	¥100 500.00	¥68 500.00	¥32 000.00	30 天	2016/2/11
2016/1/12	王经理	¥113 000.00	¥84 000.00	¥29 000.00	120 天	2016/5/12
2016/1/13	陈总	¥70 000.00	¥54 000.00	¥16 000.00	60 天	2016/3/14
2016/2/5	刘女士	¥40 000.00	¥38 000.00	¥2 000.00	90 天	2016/5/6
2016/2/9	孙女士	¥37 500.00	¥25 000.00	¥12 500.00	30 天	2016/3/11
2016/2/10	李先生	¥44 000.00	¥34 000.00	¥10 000.00	30 天	2016/3/12
2016/2/25	陈女士	¥95 500.00	¥81 000.00	¥14 500.00	60 天	2016/4/26
2016/2/28	王先生	¥119 500.00	¥63 000.00	¥56 500.00	120 天	2016/6/28

图 2-12　应收账款账龄分析表

2016/3/3	罗先生	¥80 000.00	¥55 000.00	¥25 000.00	30 天	2016/4/2
2016/3/16	李女士	¥56 000.00	¥50 000.00	¥6 000.00	90 天	2016/6/14
2016/3-25	严先生	¥107 500.00	¥84 500.00	¥23 000.00	60 天	2016/5/24
	合计	¥1 188 900.00	¥856 400.00	¥332 500.00		

未到期金额	0~30 天	30~60 天	60~90 天	90 天以上	合计	百分比
¥28 000.00	¥-	¥-	¥-	¥-	¥-	0%
¥-	¥-	¥8 000.00	¥-	¥-	¥8 000.00	10%
¥-	¥-	¥32 000.00	¥-	¥-	¥32 000.00	41%
¥29 000.00	¥-	¥-	¥-	¥-	¥-	0%
¥-	¥16 000.00	¥-	¥-	¥-	¥16 000.00	20%
¥2 000.00	¥-	¥-	¥-	¥-	¥-	0%
¥-	¥12 500.00	¥-	¥-	¥-	¥12 500.00	16%
¥-	¥10 000.00	¥-	¥-	¥-	¥10 000.00	13%

图 2-12　应收账款账龄分析表（续）

图 2-12 的账龄分析表，主要从对方的开票日期、客户名称、应收、已收、未收收款期、到期日和未到期日等进行分析。

应收账款收不回来如何处理

在实际生活中可能存在因为交易商破产而无法收回的应收账款，此时公司就只能将无法收回的应收账款确定为坏账，在资产负债表中，在应收款项的账面计提一定的减值损失，该如何确定损失的大小呢？举例如下。

> 小王所在的公司 3 个月前发生了一笔 5 万元的应收账款，到年底还无法收回，于是小王和同事们将该笔账款确定为坏账，并在凭证上登记如下。
>
> 借：资产减值损失——坏账损失　　　　　50 000
> 　　贷：应收账款　　　　　　　　　　　　　　50 000

当确定应收账款为坏账后，就要计提一定的坏账准备，从而方便将来在资产负债表上对于应收账款进行准确的反映。那么该如何确定坏账准备呢？举例说明。

小周所在的外贸公司，在年底的时候确认应收账款发生的坏账损失为8万元，小周在确认损失后，在账簿上填制了如下的会计分录。

借：坏账准备　　　　　　　　　　　　　　　80 000

　　贷：应收账款　　　　　　　　　　　　　　80 000

同时小周公司收回了上个月转销的一笔坏账损失3万元，公司将它存入了银行所在的账户，小周和同事根据相应的票据，编写会计分录如下。

借：应收账款　　　　　　　　　　　　　　　30 000

　　贷：坏账准备　　　　　　　　　　　　　　30 000

借：银行存款　　　　　　　　　　　　　　　30 000

　　贷：应收账款　　　　　　　　　　　　　　30 000

 固定资产该如何处理

并不是只有成立时间长久、经营良好的公司才有固定资产，对于新成立的公司，也有其自身的固定资产，那么什么是固定资产呢？对于新公司的固定资产应该怎样进行处理呢？

固定资产有哪些

根据不同的划分标准，固定资产可以划分为不同的种类，一般可划分为外购、自行建造、租入、投资转入和债务重组等固定资产。一般最常见的就是外购和自行建造的固定资产，其具体介绍如下。

◆ 外购固定资产：是指从外部取得，而且需要支付一定的成本从外购入的资产。

◆ 自行建造固定资产：不需要从外购入，而是公司自身建造的各种资产。如开发商投资的各种在建工程，同样要计算一定的成本。

固定资产简单的账务处理

简单地认识固定资产的分类后，就需要对这两大类的处理程序有一定了解与认识，从而正确认识资产负债表中资产里固定资产项目数据的来源。

◆ 外购固定资产的账务处理

对于大多公司来说，固定资产都是从外购入，那么对于这些外购的固定资产该如何去计算呢？举例如下。

小吴所在的公司上个月从外购入了三台机器设备甲、乙、丙，共支付货款 100 万元，增值税 17 万元，其中包装费 10 万元，所有的货款都是通过公司在银行的账户支付，即银行存款。

公司将其确认为固定资产，现在三台设备的公允价值分别为 40 万元、35 万元和 25 万元，如果其他的税费不考虑在内，那么小吴和同事们将做以下的账务处理。

首先，先确定固定资产的成本，总计为：100 万 +10 万 =110 万元。

其次，确定三台设备的成本，分别为甲：110 万 ×[40 万元 /（40 万 +35 万 +25 万）]=44 万元；乙：110 万 ×[35 万元 /（40 万 +35 万 +25 万）]=38.5 万元；丙：110 万 ×[25 万元 /（40 万 +35 万 +25 万）]=27.5 万元。

最后，对三设备做一定的会计处理，如下所示。

借：固定资产——甲设备	440 000
乙设备	385 000
丙设备	275 000
应交税费——增值税（进项税）	170 000
贷：银行存款	1 270 000

以上就是比较简单的对于外购设备的账务处理，我们可以看到对于固定的价值不是以资产的公允价值登入资产负债表，一般是将其成本一起记入，如甲设备的公允价值为 40 万元，但是最后通过银行存款支付时，投资成本却为 44 万元，这是将包装成本一起计入投资成本。

◆ 自建固定资产的账务处理

在资产负债表中，会有"在建工程"一项会计科目，这是对于公司的自建固定资产的账务处理，那么对于该类固定资产和外购的固定资产的账务处理有何区别呢？下面看一个例子。

> 甲公司为了兴建一批工程，其中领用工程物资 10 万元、库存材料 8 万元，库存商品若干件，成本 11 万元，计税价格为 15 万元，应交增值税 2.55 万元，同时支付相关的人工费及水电费分别为 3 万元和 2 万元，3 个月后，工程达到预计的可使用状态，财务人员根据不同的阶段，其账务处理如下。
>
> 首先，当领用工程物资和原材料时，投入自建工程时，账务处理如下。
>
> 借：在建工程　　　　　　　　　　　　　180 000
> 　贷：工程物质　　　　　　　　　　　　　100 000
> 　　　原材料　　　　　　　　　　　　　　80 000
>
> 其次，当领用库存商品时，账务处理如下。
>
> 借：在建工程　　　　　　　　　　　　　135 500
> 　贷：库存商品　　　　　　　　　　　　　110 000
> 　　　应交税费——应交增值税（销项税）　25 500
>
> 然后，当结转工程负担的水电费和人工费时，账务处理如下。
>
> 借：在建工程　　　　　　　　　　　　　20 000
> 　贷：制造费用——水电费　　　　　　　　20 000

借：在建工程   30 000

    贷：应付职工薪酬   30 000

最后，当工程达到预定可使用的状态时，结转一定的过程成本，账务处理如下。

工程的总成本就为：10 万 +8 万 +11 万 +2.55 万 +2 万 +3 万 =36.55 万元。

借：固定资产   365 500

    贷：在建工程   365 500

至此完成了公司自建工程中固定资产的账务处理，那么公司对于使用中的固定资产进行账务处理方式又与此有何不同呢？

◆ 使用中的固定资产账务如何处理

除了前面所说的对于购入时的成本计算以及折旧计算外，我们在日常使用中，还会对固定资产进行账务处理，如公司购入的机器设备发生的一些清理费、修理费和管理费等，看下面的例子。

××公司在 2015 年 2 月 10 日，对公司的两台机器设备进行了日常的维修，其中从仓库领用修理配件 5 000 元，其他维修费用总计 2 000 元，通过现金支付，对此财务人员做了如下的财务处理。

借：制造费用——修理费   7 000

    贷：原材料   5 000

        库存现金   2 000

固定资产的折旧该如何计算

当公司购入固定资产后，就需要对其进行一定的账务处理，如成本计算、价值分析、折旧计算和维修计算等，在折旧计算的账务处理中，固定资产的折旧不仅与它的价值相关，更影响着期末财务报表中关于固定资产价值的填写，那么该如何去计算固定资产的折旧呢？

◆ 计算固定资产折旧的年限平均法

对于固定资产折旧的计算方法，一般会有年限平均法、余额递减法和年数总和折旧等，下面分别介绍。

年限平均法也称为直线法，它以固定资产的预计使用年限作为折旧的计算基础，每一年的折旧额相等，计算公式为：年折旧额 =（原始价值 − 预计净残值）/ 预计使用年限，如图 2-13 所示。

年限折旧法折旧额计算			
资产名称	资产原值（元）	预计残值（元）	资产寿命（年）
冲床	¥150 000.00	¥13 000.00	8 年
计算结果			
折旧期次	当期折旧额	累积折旧额	资产残值
第 1 年	¥17 125.00	¥17 125.00	¥132 875.00
第 2 年	¥17 125.00	¥34 250.00	¥115 750.00
第 3 年	¥17 125.00	¥51 375.00	¥98 625.00
第 4 年	¥17 125.00	¥68 500.00	¥81 500.00
第 5 年	¥17 125.00	¥85 625.00	¥64 375.00
第 6 年	¥17 125.00	¥102 750.00	¥47 250.00
第 7 年	¥17 125.00	¥119 875.00	¥30 125.00
第 8 年	¥17 125.00	¥137 000.00	¥13 000.00

图 2-13　固定资产年限折旧法

从图 2-13 可知，固定资产的原值为 15 万元，预计到期的残值为 1.3 万元，总计折旧为 13.7 万元，该资产的使用寿命为 8 年，根据年限折旧的公式计算可得，每年的折旧额为 1.712 5 万元。

◆ 年数总和折旧法

年数总和折旧法是指固定资产折旧额的计算与折旧年限相关，在年限平均法的公式计算中是有预计使用年限的，而年数总和折旧法中计算的年限不是预计使用年限，而是年数的总和，如固定资产使用的第 1 年、第 2

年、第 3 年等继续往后推到 n 年，而固定资产使用的年限就为 n×（n+1）/2，而不是简单的 n 年。

根据以上理论则年折旧额的计算公式为（原值－残值）×折旧率，折旧率的计算相对复杂，如果固定资产使用了 n 年，而公司从 m 年开始计提折旧，那么折旧率为：[（n-m）]+1]/[n×（n+1）/2]。图 2-14 所示为例进行说明。

年数总和法折旧计提				
固定资产编号			SXW-0103001	
资产信息	资产名称	扫描仪	规格型号	方正 CQ-30A
	启用日期	2014 年 9 月 1 日	资产原值	¥860.00
	寿命年限	8 年	预计残值	¥120.00
计算期间		第 2 期	到	第 6 期
折旧因子		1.5		
计算明细				
期次	当期折旧额	累积折旧额	当前残值	
第 1 期	¥161.25	¥161.25	¥698.75	
第 2 期	¥131.02	¥292.27	¥567.73	
第 3 期	¥106.45	¥398.72	¥461.28	
第 4 期	¥86.49	¥485.21	¥374.79	
第 5 期	¥70.27	¥555.48	¥304.52	
第 6 期	¥61.51	¥616.99	¥243.01	
第 7 期	¥61.51	¥678.49	¥181.51	
第 8 期	¥61.51	¥740.00	¥120.00	
结果汇总				
第 2 期	到	第 6 期	¥455.74	

图 2-14　固定资产年数总和折旧法

图 2-14 中的固定资产，从 2014 年使用，在 2015 年开始计提折旧，采用年数折旧法，预计使用 8 年，而计提折旧的期间为第 2 期到第 6 期，通过公式计算为 455.74 元，剩余残值为 243.01 元。

◆　余额递减法

余额递减法是通过一个固定的折旧率与固定资产的账面净值计算每年的折旧额，相对来说折旧额是每年递减的，具体如图 2-15 所示。

固定余额递减法折旧额计算			
资产名称	资产原值（元）	预计残值（元）	资产寿命（年）
HPCQ-3380	¥5 800.00	¥600.00	5 年
启用日期	2014 年 5 月 21 日	首年折旧月份	8 个月
计算结果			
折旧期次	本期折旧额	累积折旧额	当前资产残值
第 1 年	¥1 411.33	¥1 411.33	¥4 388.67
第 2 年	¥1 601.86	¥3 013.20	¥2 786.80
第 3 年	¥1 017.18	¥4 030.38	¥1 769.62
第 4 年	¥645.91	¥4 676.29	¥1 123.71
第 5 年	¥410.15	¥5 086.44	¥713.56
第 6 年	¥86.82	¥5 173.26	¥626.74

图 2-15 固定资产余额递减折旧法

固定资产报废或出售的账务处理的差别

一般而言固定资产随着购入年限的增加，可能会成为公司生产经营不再需要的资产，那么公司一般就会对其进行出售或者报废处理，在财务处理上两者会具有一定的差别，下面通过一个案例来了解。

小王所在的公司，随着生产规模的扩大，公司决定将几台机器设备进行出售，以购买其他的设备，出售的总价款为 80 万元，应交增值税为 13.6 万元，两台机器设备的原值为 100 万元，累计折旧为 52 万元，其中发生清理费用 5 000 元，在出售后，小王和同事对该项业务进行了简单的账务处理。

当公司已经收回相关的机器设备出售的款项时，应做如下的账务处理。

借：银行存款　　　　　　　　　　　　　936 000

　贷：固定资产清理　　　　　　　　　　　800 000

　　　应交税费——应交增值税　　　　　　136 000

当对固定资产进行注销处理及进行清理时，账务处理如下。

借：固定资产清理　　　　　　　　　　　485 000

> 累计折旧 520 000
>
> 贷：固定资产 1 000 000
>
> 银行存款 5 000
>
> 当进行以上两步的处理后，接下来，财务人员就需要对于收益进行计算，根据如上的数据，净收益为：800 000-485 000=315 000元。
>
> 借：固定资产清理 315 000
>
> 贷：营业外收入——处置非流动资产利得 315 000

以上就是当公司对于自身拥有的固定资产进行出售后，需要进行的账务处理，如果公司的固定资产在使用中报废了，该如何进行处理呢？看下面一个例子。

> 小刘是一家股份公司的会计，在2015年3月的时候，公司的一台机器设备进入了报废程序，该设备原价为20万元，在2月底累计折旧19.5万元，当宣告报废时，公司支付了相关清理费用1 000元，残值2 000元，公司最终决定该设备将残值入库，作为原材料使用，小刘对相关过程进行了简单的财务处理。
>
> 首先，当宣告报废时，需要对固定资产的原价进行注销，同时支付清理费用。
>
> 借：固定资产清理 6 000
>
> 累计折旧 195 000
>
> 贷：固定资产 200 000
>
> 银行存款 1 000
>
> 其次，当将残值入库时，需要做如下的财务处理。
>
> 借：原材料 2 000

> 贷：固定资产清理　　　　　　　　　　　2 000
>
> 　　最后，当对固定资产的原值进行了注销以及残值入库后，那么就需要对相关的损失进行计算。
>
> 　　报废后发生的相关损失：200 000−195 000+1 000−2 000=4 000 元
> 借：营业外支出——处理非流动资产损失　　4 000
> 　　贷：固定资产清理　　　　　　　　　　　4 000

　　通过上述的两个例子，我们知道，无论是出售还是报废，我们都会涉及会计科目——固定资产清理，它属于资产类账户，一般用来核算固定资产因出售、报废或毁损等需要清理的固定资产的净值及在清理过程中发生的相关清理费用或清理收入。

 # 简单了解无形资产

　　随着互联网技术的发展，大量的网络科技公司和软件开发公司崛起，对于这些公司而言，除了固定资产，无形资产会是其中占比较大的一项。对于新公司老板而言，需要了解什么是无形资产，无形资产具体有哪些特征，哪些资产可以划入无形资产，无形资产期末如何摊销？下面我们就来寻找这些问题的答案。

无形资产的三大特征

　　要认识无形资产，那么我们可以从其具有的特征出发，无形资产一般指为公司所拥有，无实物形态，可辨认的非货币性资产，它具有如下所示的三大特征。

　　◆ 非实物形态：无形资产和公司原材料、固定资产等具有区别，它不具有实物形态，但和它们一样都属于公司的资产。

◆ 可辨认性：能够从公司中分离出来，可用于出售、转让、租赁，但无形资产中的商誉除外，它不能从公司中分离。

◆ 非货币性：无形资产属于非货币性的资产，它具有长期性，一般使用年限在 1 年以上，它自身的价值会在不同的时期进行摊销。

以上的三大特性是所有的无形资产都需要满足的特性，而且三大特性必须同时满足，才能定义为无形资产。

无形资产的内容

在公司的无形资产中，我们常见的有专利权、商标权、著作权、土地使用权、非专利技术和特许权等。对于这些无形资产，各自都具有不同的账务处理程序，下面来简单地认识一下专利权、商标权、非专利技术和特许权，具体如表 2-1 所示。

表 2-1　无形资产的内容

名称	定义	特点
专利权	从外单位购入的专利或自行开发并按照相关的法律程序申请取得的专利	当从外单位购入时，专利的成本为公司实际支付的价款，而自身申请开发的专利则按照相关的计算确定
商标权	公司在自身的产品或他人制造的商品上使用自造的特定的名称或图案的权利	一般公司自创的商标需要登记注册，同时公司为了通过该商标获得一定的收益，那么还需要投入一定的广告费用，但是广告费用不计入商标的成本，而是计入当期的损益
非专利技术	又称为专有技术，一般指先进的、未申请的、未公开的专利，预期未来能给公司带来经济利益的技术	和专利一样，公司的非专利技术可以是自行开发的，也可以是从外购入，是否确定为无形资产需要根据一定的会计准则，并且能对其进行资本化
特许权	一般常见的如公司的经营特许权，简单指公司在某一地区销售或管理某一商品的权利或甲公司接受乙公司使用甲公司商标等权利	一般表现分为两大类，如公司接受政府授予的在某一地区生产经营的权利或两家公司签订相关的合同，根据合同公司长期的使用另一公司商标的权利，如各种分店对于总店商标权的使用

对于无形资产的四大内容的简单讲解，可以看到他们各具特色，不能简单定义孰轻孰重。

除上述外，在无形资产中一般还有著作权和土地使用权，它们和公司的专利权、商标权、非专利技术权和特许权等存在一定的差异，不能与上等同，而且在账务处理时，较少使用，所以在此不做深入探讨，只做简单地了解，具体内容如下。

◆ 著作权：一般指公司或公司内部员工对于其自身创造的商品或商标依法享有的某些特殊权利。

◆ 土地使用权：我国的土地是属于国家，一般国家会通过授权的方式，允许公司在一定期间对国有土地进行开发经营。

国家只是允许公司或个人在一定时期使用土地，不得以非法方式买卖转让土地，当公司取得土地使用权后，应将取得土地使用权的成本计入无形资产的会计科目。

无形资产如何摊销

无形资产和固定资产一样，都具有使用寿命，对于公司来说，会根据它的使用寿命进行一定的减值准备，在固定资产里，我们称为累计折旧，对于无形资产，我们一般称为摊销，摊销的方法和固定资产累计折旧的计算方法一样，有直线法、余额递减法和生产总量法等来计算，一般采用的直线法。

当对无形资产进行摊销时，类似于固定资产的"累计折旧"，无形资产也会有"累计摊销"科目，具体的摊销金额应作为一种管理费用，举例如下。

小王是一家实业公司的会计，在 2015 年 3 月，公司从外购入一项专利权，使用寿命为 20 年，购买的成本为 42 万元，公司采用直线法对该项专利进行分期摊销。当公司购入专利后，小王做了如下的账务处理。

首先，要计算专利权每年的摊销金额，摊销金额 =420 000/20= 21 000 元。

其次，当公司购入专利权时，账务处理如下。

借：无形资产　　　　　　　　　　　420 000

　贷：银行存款　　　　　　　　　　　　　420 000

当计算出累计摊销，并将其计入管理费用时，则需要做出如下的会计分录。

借：管理费用　　　　　　　　　　　21 000

　贷：累计摊销　　　　　　　　　　　　　21 000

相对来说，一般公司会在每年的年末，对于具有一定寿命的无形资产进行摊销计算，并计提一定的减值准备，减值准备从应摊销金额中扣除，以后各期的摊销金额在此基础上，重新计算。

而对于有的使用期限不确定的无形资产，公司在持有期间就不需要摊销，在期末时，再次对使用寿命进行确认，如果仍无法确定，那么就需要计提减值准备，同时登记入账。

作为无形资产，如同固定资产一样，公司在持有期间，会对无形资产进行出售、出租或转让等，同时无形资产也可能自身报废，无法再给公司带来一定的经济利益，那么此时就需要财务人员对该种情形进行债务处理。

取得无形资产的三大方式

在上一节我们简单认识了无形资产，如果想要获得一定的无形资产该采取哪种方式呢？在取得后该做怎样的账务处理呢？不同的取得方式账务处理有哪些不同？

如何拥有无形资产，一般可以选择外购、投资者投入、非货币性资产交换、债务重组和政府补助等方法，并且前 3 种方法一般较常用，下面来简单地进行了解。

◆ 外购无形资产

外购无形资产是常见的公司获得无形资产的一种手段，对于外购的无形资产的价值不能仅认为是外购无形资产时支付的价款，还应包括相关税费、手续费和转让费等，举例如下。

> 小王是一家食品公司的会计，为了生产经营的需要，公司在 2015 年 3 月，购入了 A 公司的商品商标，使用期限为 10 年，同时支付转让价款及相关手续费、转让费和税费等总计 150 万元，在转让程序已经办理完成且价款已经支付后，小王做了如下的账务处理。
>
> 借：无形资产   1 500 000
>
>   贷：银行存款   1 500 000

从上例可知，无形资产的账面价值为 150 万元，包括支付的相关费用，不能将相关的费用独立开来。

◆ 投资者投入的无形资产

对于公司内部开发的无形资产，除了自我开发，还有股东投入的无形资产，即股东以无形资产的形式投资入股，从而获得股东权益，那么当投资者投入无形资产时，该如何进行价值的衡量呢？看下面的例子。

> A 公司在生产规模不断扩大的前提下，为了扩展相关的业务，于是从 B 公司购入了一项专利权，价值 50 万元，经双方商议，B 公司以投资的形式转让该专利，成为公司的股东，折合为公司的股票 10 万股，每股面值 1.2 万元，最后双方签订了相关的投资合同，

财务人员据此做了如下的账务处理。

借：无形资产——专利权　　　　　　　500 000

　贷：股本　　　　　　　　　　　　　120 000

　　　资本公积——股本溢价　　　　　380 000

如上例所示，当投资者以合同的方式向公司投资无形资产，那么无形资产的价值是以合同约定的价值作为入账的价值，如上例的 50 万元。

如果投资者以无形资产来折合一定的股东权益，那么无形资产的价值与折合的股本之间的差额就是资本的溢价，需要将其计入资产负债表中的资本公积。如上例中的账面价值 50 万元与股本 12 万元之间的差额 38 万元，应计入资本公积的科目中。

◆ 非货币性资产交换的无形资产

非货币性资产和货币资产构成了公司的资产，如果公司的某一资产能够在未来为公司带来一定的经济利益，并且该利益还可以通过固定的或可确认的金额表示，那么公司的资产是货币资产，如应收账款。

如果公司的该项资产在未来带来的经济利益不能用固定的货币金额表示，那么该资产是非货币性资产，如固定资产。

当公司的固定资产闲置，那么公司就可以考虑将其用于交换某项专利或商标，从而获得无形资产，举例如下。

小唐所在的外贸公司，为了生产发展的需要，在 2015 年 5 月，将公司闲置的一台机器设备用于向 B 公司交换了一项专利权，该设备的购入价为 20 万元。

到 2015 年 4 月底，累计折旧 2.2 万元，同时还计提了减值准备 5 000 元，该设备的公允价值为 18.2 万元，交换时支付税费 2 200 元，当设备换出后，小唐进行了如下的账务处理。

首先，需要计算相关的成本。该设备的账面价值 =200 000-22 000-5 000=173 000 元；购入的无形资产的成本 =182 000+2 200=184 200 元；收益 =182 000-173 000=9 000 元。

其次，该设备作为公司的一项固定资产，当该资产流出公司后，那么就需要对该项资产进行注销。账务处理如下。

借：固定资产清理   173 000

    固定资产减值准备   5 000

    累计折旧   22 000

  贷：固定资产   200 000

当交换时需要支付相关的税费，同样需要对其进行账务处理。

借：应付税费——应交营业税   2 200

  贷：银行存款   2 200

最后，当两者交换时，无形资产流入公司，固定资产流出公司，则还需要做如下的账务处理。

借：无形资产——专利权   184 200

  贷：固定资产清理   175 200

    营业外收入——交换收益   9 000

上例就是公司通过内部的非货币性资产交换外部的无形资产，简单总结就是需要先计算相关成本及价值，如固定资产的账面价值为 17.3 万元，无形资产的成本为 18.42 万元，然后对流出的资产进行注销，同时计算相关税费及收益，分别为 2 200 元和 9 000 元，最后对两者之间进行处理。

从上例可以看出，该公司通过该交换是存在一定的盈利的，没有发生相关损失，主要是因为固定资产的使用年限较少，累计折旧较少，还具有一定的价值。

无形资产报废或出售后账务如何处理

无论无形资产是报废还是出售，都会给公司的经营带来一定的影响，并在资产负债表中明显地反映出来，为了保证资产负债表中数据的精确性，就需要对该无形资产的每一项业务都进行准确的记录。

对于无形资产的报废或出售，账务该如何处理呢？来分析下面两个例子。

> 小王所在的食品公司，在 2015 年 3 月，从 B 公司购入一项专利权，成本为 40 万元，使用年限为 10 年，公司在使用 6 年后，将该专利权出售，出售价款为 35 万元，在该业务发生以后，小王对其进行计算并据此登记入账。
>
> 首先需要计算持有期间的摊销金额，累计摊销金额 =400 000/10×6=240 000 元，该无形资产的剩余价值 =40 000-240 000=160 000 元；一般无形资产进行出售，作为一种营业收入流入公司，那么还需要缴纳一定的营业税，称为应交营业税，此时应交营业税 =350 000×5%=17 500 元；此时的净收益 = 售价 - 无形资产剩余价值 - 应交营业税 =350 000-160 000-17 500=172 500 元。
>
> 当上面的数据都计算完成后，那么就需要做出如下的会计分录。
>
> 借：银行存款　　　　　　　　　　　　 350 000
> 　　累计摊销　　　　　　　　　　　　 240 000
> 　　贷：无形资产　　　　　　　　　　 400 000
> 　　　　应交税费——应交营业税　　　　 17 500
> 　　　　营业外收入　　　　　　　　　 172 500

如上例所示，公司对于拥有的无形资产进行出售后，需要进行账务处理。如果公司拥有的无形资产报废了，它的账务处理是不是和出售时相同呢？下面通过举例分析。

小刘所在的股份有限公司，在 2006 年 3 月，从外购入了一项专利权，成本为 25 万元，使用年限为 10 年，但随着生产技术的不断发展，该项专利给公司带来的经济利益在不断减少。在 2015 年 3 月，公司经过讨论决定，按照相关规定，对其进行报废处理。针对该种情形，小刘和同事对其进行了如下的账务处理。

首先计算累计摊销，累计摊销金额 =250 000/10×9=225 000 万元。当该专利报废时，该无形资产的账面价值 =250 000－225 000=25 000 元。

借：累计摊销   225 000
　　营业外支出   25 000
　　贷：无形资产   250 000

以上两个例子分别对无形资产的出售和报废的账务处理进行了一定的说明，相对来说，两者大同小异，在账务处理中，都需要对无形资产进行摊销，不同的是，如果无形资产用于出售，那么就还需要计算应交营业税，一般无形资产的营业税适用于 5% 的营业税率。

 # 存货：公司的家底

存货和固定资产一样，作为公司的一种非货币资产。它不仅具有实物的形态，而且存在一定的价值损耗。由于存货可以使公司在一个周期内对其进行销售、使用和变现等，最终将其转化为银行存款或库存现金，因此，初创公司的老板既要看自己的家底，还要看存货数量。

存货的简单分类

相对来说，我们不能仅仅将存货理解成公司的产成品，严格来说，公司的存货遍布生产的各个环节，除了产成品，还包括原材料、半成品、周转材料和自制半成品等。下面对一些常用的存货进行简单的讲解。

◆ 原材料：是指在公司商品的生产过程中，通过对该资产进行加工，最终构成产品的实体原料。

◆ 产成品：指公司已经完成对它的加工，可以送交订货单位或用于外部出售，此外还包括一些外来的修理品。

◆ 周转材料：指可被公司多次使用，但是仍能保持原有形态的材料，一般不能确认为固定资产，如各种包装物。

除了以上的三大分类，根据存货的存放地点还可以分为在途存货、在库存货和在售存货，具体如下。

◆ 在途存货：公司已经取得所有权，但是还在途中或还未验收入库的外购材料或商品。

◆ 在库存货：公司已经从外部购入或公司内部已经完成加工的各种商品或原材料。

◆ 在售存货：公司已经发货给订货公司，但是对方还未进行收入确认的发出商品或原材料，或公司委托代销的一些商品。

存货如何取得

存货的来源包括外购和自制两种，下面分别讲解这两种方法。

◆ 外购存货

外购存货是指公司通过签订相应的销售合同，从外部购入的商品或原材料，当公司要进行外购存货时，首先需要对外购的成本进行计算，外购存货的成本不能简单地理解为公司支付的价款，它包括从采购开始到入库时全部的支出，例如在采购过程中发生的运输费、装卸费和保险费等，举例如下。

小王是一家实业股份有限公司的会计，在 2015 年 3 月 1 日，公司从 B 公司购入一批原材料，公司采用预付账款的形式预付 5 万元账款。

在 2015 年 4 月 1 日，B 公司发来原材料，并开具增值税发票，增值税的专用发票上注明价款为 10 万元，增值税为 1.7 万元，在同年的 4 月 10 日，公司通过银行转账的方式将剩余的账款补齐，而小王根据相关的业务做了如下的账务处理。

当公司预付一定的货款时，账务处理如下。

借：预付账款——B 公司　　　　　　　　50 000

　　贷：银行存款　　　　　　　　　　　　　50 000

当收到 B 公司发来的材料以及增值税发票时，账务处理如下。

借：原材料　　　　　　　　　　　　　100 000

　　应交税费——应交增值税　　　　　　17 000

　　贷：预付账款——B 公司　　　　　　　117 000

当公司补齐货款时，账务处理如下。

借：预付账款——B 公司　　　　　　　　67 000

　　贷：银行存款　　　　　　　　　　　　　67 000

如上例所示，外购的存货采用的是预付账款的形式，公司在购货初会预付一部分账款，等收到对方公司开具的增值税发票以后，需要再次确认货款。

如果预付账款低于实际价款，如上例中为预付 5 万元，而实际货款确是 11.7 万元，那么在对方公司已经发货以后，就需要将剩余的货款补齐，如上例将剩余的货款 6.7 万元通过银行存款转账。

而如果公司预付的账款大于实际货款，那么公司的财务人员在账务处理上，前面的步骤相同，不同的是在最后的步骤，在最后确认货款后，对方公司会退回多余的货款，那么财务人员就应该在凭证的借方科目登记银行存款，贷方登记预付账款，假设对方退回 6.7 万元，那么账务处理如下。

借：银行存款　　　　　　　　　　　67 000

　　贷：预付账款——B 公司　　　　　　67 000

一般当公司从外购入存货时，除了如上的预付账款，一般还会存在赊购的方式，因为不常用，所以在此不做详细的讲解。

◆　自制存货

除了外购存货，一般公司还是会根据自我的生产能力，进行自制存货，使公司的发展不受外部的牵制，而公司自制存货需要考虑三大成本：一是原材料采购成本；二是加工成本；三是其他成本，其他成本包括为存货所投入的一些特定费用等。

对于公司在市场过程中的费用并不是都能计入三大成本，其中一些费用需要计入当期的损益中，如图 2-16 所示。

非正常损耗的加工成本

如在公司生产过程中发生的废品损失及因意外事故而发生的材料、人工和管理费用等，它们不是为直接生产产品而发生。

仓储费用

一般在存货加工入库之后及存货在销售阶段所发生的仓储费用不计入存货成本，但是存货在采购原料过程中发生的仓储费用则需要计入成本。

图 2-16　不能计入存货成本的费用

一般采购成本在材料采购时就能确定，而加工成本则是发生在公司对产品加工过程中的各种人工费、机器设备管理费和水电费等支出，种类繁多，是账务处理的重点，而成本中其他成本一般涉及较少，多为特定的客户而存在，那么我们该如何对自制存货进行成本计算呢？举例如下。

> 小王是一家电子集团的会计，公司主要以生产一些电子产品为主，在 2015 年 3 月，公司的最新一批产品完工，并经确认已经验收入库，为制作该产品从外购入原材料 20 万元，而在生产加工中花费人工费、水电费和车间费等总计成本 5 万元。最终小王做了如下的账务处理。
>
> 借：库存商品   250 000
>
>   贷：生产成本——基本生产成本   250 000

如上例所示，当公司自制存货时，账务处理主要是对于成本的确定，但是需要注意的是，并不是在生产过程中花费的所有费用都能计入产品的成本，只能是上面提到的三大成本。

如何计算发出存货的成本

当公司从外取得存货后，随着生产经营的需要，存货从生产经营的环节流向另一个生产环节，并最终流出公司，当存货流出公司时，就需要对本期的存货及期末的存货进行一定的计量，那么该如何对发出的存货进行计量呢？

对于发出的存货的成本有 3 种计算方法，分别是先进先出法、移动加权平均法、个别计价法等，下面分别介绍。

◆ 先进先出法

一般公司最常用的存货成本计价方法就是先进先出法，是指先入库的存货先发出去，对于先发出的存货按照先入库的存货的单位成本计价，后发出的存货按照后入库的存货单位成本计价。图 2-17 所示为财务人员在填制相关的财务凭证时，根据日期、编号、收入、发出和结存来计算，最后财务人员根据期末的余额登记入账的数据。

存货明细账

存货类别：　　　　　　　　　　　　计量单位：元/件
存货编号：　　　　　　　　　　　　最高存量：
存货名称：甲商品　　　　　　　　　最低存量：

2015 年		凭证编号	摘要	收入			发出			结存		
月	日			数量	单价	金额	数量	单价	金额	数量	单价	金额
3	1		期初结存							500	80	40 000
	6		购进	1 000	85	85 000				1 500		125 000
	10		销售				600		12 500	900		112 500
	15		购进	500	90	45 000				1 400		157 500
	18		销售				800		68 000	600		89 500
	25		购进	600	88	52 800				1 200		142 300
	27		销售				800		71 100	400		71 100
	31		期末结存	2 100		182 800	2 200		151 600	400	88	35 200

图 2-17　存货的先进先出法

在图 2-17 中，公司在 2015 年 3 月 1 日期初结存数量为 500 件，单价为 80 元，金额为 4 万元。而公司分别在 3 月 6 日、3 月 15 日和 3 月 25 日购进存货，而在 3 月 10 日、3 月 18 日和 3 月 27 日分别以不同的价格销售了该商品，具体的成本计算如下。

3 月 10 日发出的甲商品成本 =500×80+100×85=48 500（元）；3 月 18 日发出的甲商品成本 =800×85=68 000（元）；3 月 27 日发出的甲商品成本 =100×85+500×90+200×88=71 100（元）。

而在月底结存的数量为 400 件，单价为 88 元，金额为 35 200 元，在同年的 4 月就可以作为期初余额登记入账。

"先进先出法"的原则就是先购入的先发出，如在 3 月 10 日销售的 600 件，并不是最新购入的 1 000 件里的 600 件，而是在期初就存在 500 件的基础上再从 1 000 件里拿出 100 件来进行销售。

采用该种方法一般可以根据市场的变动从而调整价格。但是相对计算复杂，在同一批发出的货里会存在两种以上的单价，而且当物价上涨时，可能会高估存货的价值。

◆ 移动加权平均法

移动加权平均法是指每次公司进货的成本与原有的存货的成本相加，两者之和与每次进货的数量与库存数量之和的比，确定为加权单位，以后每一次发货都以该加权单位为计算基础。通过移动加权平均法计算存货的成本需要用到三个公式，具体如图 2-18 所示。

存货单位成本

存货单位成本 =（原有的库存存货的成本 + 本次进货成本）/（原有的库存数量 + 本次进货的数量）。

本次发货成本

本次发货成本可以通过如下的公式计算，本次的发货成本 = 本次的发货数量 × 本次发货前存货的单位成本。

月末库存成本

本次发货成本可以通过如下的公式计算，本月月末库存存货成本 = 月末库存存货数量 × 月末存货单位成本。

图 2-18　移动加权平均法的三大公式

对于以上三大公式，在公司的日常经营中是如何运用的呢？三者计算时有没有什么小窍门呢？下面就通过一个例子来说明如何通过三大公式来计算存货的发货成本。

小刘在一家大型公司担任会计，在该岗位工作已有五年，他善于把复杂的数据简单化，深受老板重用，在 2015 年 5 月的时候，上级领导来公司视察，了解一下公司的运转情形。

公司以电子产品的生产为主，于是领导要求查看上月的与该产品有关的一些购销明细，于是小刘将通过移动加权平均法做成的购销明细表交到老板手中，其中对于购销的详细数据都进行了统计，具体如图 2-19 所示。

电子产品购销明细账

存货类别：　　　　　　　　　　　　　　　计量单位：元/件

存货编号：　　　　　　　　　　　　　　　最高存量：

存货名称：××电子产品　　　　　　　　　最低存量：

2015年		凭证编号	摘要	收入			发出			结存		
月	日			数量	单价	金额	数量	单价	金额	数量	单价	金额
4	1		期初结存							200	50	10 000
	6		购进	300	53	15 900				500		25 900
	11		销售				400	51.8	20 720	100	51.8	5 180
	17		购进	500	55	27 500				600	54.47	32 680
	23		销售				300	54.47	16 341	300	54.47	16 341
	25		购进	400	60	24 000				700	57.63	40 341
	28		销售				500	57.63	28 815	200	57.63	11 526
	30		期末结存	1 200		67 400	1200		65 876	200	57.63	11 526

图 2-19　移动加权平均法

领导看了该图后，有一丝疑惑，要求小刘详细地讲解一下这些数据的来源，小刘告诉领导，该表对于商品成本的计算采用了加权平均法，即计算出存货的加权平均单位作为每次发货的计算依据。

小刘解释，在该表中，分别在4月6日、4月17日和4月25日购进了该产品，如果据此计算，接下来的发货成本如下。

在4月6日这天购入存货后平均单位成本=（200×50+300×53）/（200+300）=51.8（元）；

4月17日购入存货后平均单位成本=（100×51.8+500×55）/（100+500）=54.47（元）；

4月25日购入存货后平均单位成本=（300×54.47+400×60）/（300+400）=57.63（元）。

而公司在4月11日、4月23日和4月28日则分别销售400件、300件和500件，以上得出的51.8元、54.47元、57.63元为单价的产品，销售的金额分别为20 720元、16 341元、28 815元。上月期末则还剩余该商品200件，单价为57.63元，金额为11 526元。

◆ 个别计价法

对于公司的存货中一些数量较少，而且价值较高、容易辨认的存货，可以采用个别计价法进行计算，个别计价法，简单地说就是按照存货入账时的成本计算存货的成本的，举例如下。

某公司在 2015 年 5 月对一批存货进行了购入、销售和结存等，从而使该存货的期初和期末余额发生了相应的变化。

经过统计，该存货在期初时，结存 100 件，单价为 300 元，在 5 月 4 日由从外购进 120 件，单价为 310 元，紧接着在 5 月 11 日，销售 150 件，其中 50 件为期初的商品，100 件为 5 月 4 日购进的商品。

而在 5 月 20 日销售产品 180 件，其中 50 件为期初存货，130 件为 5 月 15 日购进的存货；在 5 月 20 日销售 260 件存货，其中 70 件为 5 月 15 日购进的存货，20 件为 5 月 4 日购进的存货，剩余 170 件为 5 月 23 日购进的存货，则相应的计算数据如图 2-20 所示。

存货明细账

存货类别:									计量单位: 元/件		
存货编号:									最高存量:		
存货名称: ××产品									最低存量:		

2015 年		凭证编号	摘要	收入			发出			结存		
月	日			数量	单价	金额	数量	单价	金额	数量	单价	金额
5	1		期初结存							100	300	30 000
	4		购进	120	310	37 200				220		67 200
	11		销售				150		46 000	70		21 200
	15		购进	200	315	63 000				270		84 200
	20		销售				180		55 950	90		28 250
	23		购进	250	300	75 000				340		103 250
	27		销售				260		79 250	80		24 000
	30		期末结存	570	925	175 200	590			80	300	24 000

图 2-20 存货的个别计价法

由图 2-20 可知，5 月 11 日销售的 150 件的存货成本 =300×50+310×100=46 000（元）；5 月 20 日销售的 180 件存货成本 =

300×50+315×130=55 950（元）；5 月 27 日销售的 260 件存货成本 =315×70 +310×20+300×170=79 250（元）。

与移动加权平均法不同，计算的不是一种单位平均成本，而是一种总的成本，而且也和先进先出法不同，不需要按照先进的批次进行发货。

存货的入库与出库账务该如何处理

对于公司的存货而言，无论是外购还是自制，都需要验收入库，而在入库后，公司一般还会选择销售该存货，即出库，那么该两项业务发生后该如何的进行账务处理呢？通过分析下面的两个例子可得知。

小吴是一家制造公司的会计，平时主要负责对日常发生的一些经济业务进行记录和登记，并在期末编制相应的三大报表。在 2015 年 5 月，公司自制的一批机器设备生产完工，并验收入库，其中 A 设备数量为 100 台，单位成本为 3 万元，B 设备的数量为 300 台，单位成本为 2 万元，根据该情形，小吴做了相应的会计处理，如图 2-21 所示的转账凭证。

转账凭证

2015 年 5 月 1 日					编号：0015	
序号	科目代码	会计科目	摘要	借方金额	贷方金额	附件3张
1	1406	库存商品	验收入库	9 000 000.00		
2	5001	生产成本			9 000 000.00	
			合计：	9 000 000.00	9 000 000.00	
记账		出纳	制单	审核		

图 2-21 存货入库后会计凭证的填写

如上图所示，财务人员在填制会计凭证时，借方科目主要是库存商品，贷方科目主要是生产成本，而具体的会计分录如下所示。

借：库存商品——A 设备　　　　　　　3 000 000

　　　　　——B 设备　　　　　　　　6 000 000

　　贷：生产成本——基本生产成本（A 设备）3 000 000

　　　　　　　——基本生产成本（B 设备）6 000 000

因此我们就可以看到在该凭证中总金额 900 万元的由来，如上就是公司存货在验收入库后的账务处理方式。那么如果公司在销售存货后，账务处理该如何进行呢？下面通过一个案例来说明。

小刘是一家大型公司的会计，在 2015 年 6 月 30 日的期末汇总中，统计出当月销售的甲商品 1 000 件，成本为 3 000 元，乙商品 3 000 件，成本为 1 000 元，于是小刘在对成本进行结转时，填写了如图 2-22 所示的转账凭证。

转账凭证

2015 年 6 月 30 日					编号：0030	
序号	科目代码	会计科目	摘要	借方金额	贷方金额	
1	6401	主营业务成本	销售商品	6 000 000.00		附件3张
2	1406	库存商品			6 000 000.00	
			合计：	6 000 000.00	6 000 000.00	
记账		出纳	制单	审核		

图 2-22　存货出库后会计凭证的填写

从图 2-22 得知，在填制凭证时，同样需要编写相应的会计分录，如下所示。

借：主营业务成本　　　　　　　　　　6 000 000

　　贷：库存商品——甲商品　　　　　　3 000 000

　　　　　　——乙商品　　　　　　　300 0000

chapter

03

公司会不会破产，看负债多少

认识常见的衡量负债的财务指标

　　初创公司因为刚成立，一切都还不太稳定。这个时期，公司老板或者领导层要更加谨慎经营。那么如何衡量会不会破产呢？可以从公司的负债情况来看。本章将介绍常见的负债财务指标，让各位决策者一眼看破公司的经营状况。

应付账款：未来要支付多少欠款

对于公司来说，除了拥有一定资产，同时也会存在一定的负债，对于新公司而言，负债可能不会那么多，但是也需要认真管理。因为，负债过多最终会导致公司破产。本节主要介绍负债中的应付账款内容。

○ 提 示 ○

负债表示在未来的一定时期，公司原有的资产会流出公司，根据偿还的速度和时间，可以划分为两大类，流动负债和长期负债。流动负债主要包括应付账款、应付票据、应付职工薪酬和应交税费等；长期负债则主要包括长期借款、应付债券和长期应付款等。

简单认识应付账款

应付账款指公司因对外购买原材料、销售商品和雇佣工人而发生的一些如劳务费等需要支付的款项，一般在资产负债表中，会有对应的应付账款会计科目，不过是在年末时整个年度应付账款的汇总，如图3-1所示。

资产负债表			
负债及所有者权益	行次	期初数	期末数
流动负债：			
短期借款	1	￥320 000.00	￥220 000.00
应付账款	2	￥50 000.00	￥60 500.00
预提费用	3	￥2 000.00	￥2 320.00
所有者权益：			
实收资本	4	￥400 000.00	￥480 000.00
盈余公积	5	￥95 300.00	￥165 400.00

图 3-1   资产负债表的应付账款

如图 3-1 中期初的应付账款为 5 万元，期末应付账款为 6.05 万元，一般在年末结账时，公司都需要对于该年度的应付账款进行结转，所以公司在购入一定数量的商品，并验收入库，相应的发票账单也已经送达到公司，财务人员就需要确立应付账款科目。

如果商品已经验收入库而相应的货款发票还没到达公司，财务人员就需要根据相应的商品以及与该业务相关的应付账款暂估入账，等到发票到达后使用红字冲销完成应付账款的账务处理。

三个阶段的应付账款的账务处理

公司应付账款的发生一般可分为三个阶段，一是发生应付账款；二是偿还应付账款；三是转销应付账款，其内容如图 3-2 所示。

发生应付账款

公司发生应付账款是常见的一种经营活动，一般是公司为了生产相关产品从外购入材料，却未支付相应的货款。

偿还应付账款

当公司到了与对方公司约定的偿还时间，需要对发生的应付账款进行偿还，一般通过银行存款或应付票据的方式偿还。

转销应付账款

在期末如果公司因一些原因导致无法偿还所发生的应付账款，那么就需要对该应付账款进行转销，并计入营业外收入中。

图 3-2   处理应付账款的三个阶段

从上图中可以得知，应付账款从发生到转销会经历 3 个阶段，而每个阶段都需要进行一定的账务处理，下面将对各个阶段进行简单的说明。

◆ 发生应付账款的财务处理

发生应付账款是在公司购进原材料、商品或劳务支付等情形下，公司在处理该业务时会涉及增值税、管理费用和制造费用等会计科目，财务人员在汇总后，登入相应的会计账簿，最后在期末时，登记入资产负债表，下面举例说明。

A 公司在 2015 年 5 月 10 日从外购入一批电子产品，经确认已经验收入库，同时对方送来了增值税发票，在该发票上注明该价款为 80 万元，增值税为 13.6 万元，同时对方垫付运费 5 000 元，在双方的合同中，约定如果 A 公司能在发货后 10 日付清所有的款项，则可以获得 1.2% 的现金折扣。

A 公司的财务人员根据该业务作了如下的会计分录。

借：库存商品　　　　　　　　　　　　　　　805 000

　　应交税费——应交增值税（进项税）　　136 000

　　贷：应付账款　　　　　　　　　　　　　941 000

同时，根据该分录还填制了相应的会计凭证，如图 3-3 所示。

转账凭证						
2015 年 5 月 10 日					编号：0045	
序号	摘要	会计科目	科目代码	借方金额	贷方金额	
1	验收入库	库存商品	1406	941 000.00		附件3张
2		应付账款	2202		941 000.00	
	合计：			941 000.00	941 000.00	
记账		出纳	制单	审核		

图 3-3　发生应付账款后会计凭证的填写

上图为将所发生的应付账款总额都计入该凭证，金额为 94.10
万元，等到偿还应付账款时再填借贷方向相反的会计凭证进行冲销。

◆ 偿还应付账款的财务处理

当在期中或临近期末，公司就会对公司发生的应付账款进行偿还，并
汇总统计，公司一般会采用银行存款或应付票据对其进行偿还，仍以上面
的例子来进行说明。

在上例中暂估入账的应付账款为 94.10 万元，公司购进的时间
是在 2015 年 5 月 10 日，如果公司偿还应付账款的时间为 5 月 15 日，
那么账务处理如下。

因为是在购货后的第 5 日支付货款，则可以获得对方公
司提供的现金折扣，根据合同规定，可以获得的现金折扣就为
941 000×1.2%=11 392 元，那么公司实际需要支付的货款就为
941 000−11 392=929608 元，具体需要做出如下的会计分录。

借：应付账款　　　　　　　　　　　941 000

　　贷：银行存款　　　　　　　　　　929 608

　　　　财务费用　　　　　　　　　　 11 392

同时需要填制相应的会计凭证，如图 3-4 所示。

转账凭证

2015 年 5 月 15 日				编号：0048		
序号	科目代码	会计科目	摘要	借方金额	贷方金额	附件3张
1	2202	应付账款	支付货款	941 000.00		
2	1002	银行存款			929 608	
	6603	财务费用			11 392	
			合计：	941 000.00	941 000.00	
记账		出纳	制单	审核		

图 3-4　偿还应付账款后会计凭证的填写

因为公司在合同规定的折扣时间内支付，因此享有一定的现金折扣，那么相应的现金折扣就不能再计入该商品的成本，而应计入公司损益类中财务费用科目，如公司只需要实际支付 92.9 608 万元的贷款。

◆ 转销应付账款的财务处理

如果公司出现应收账款无法按时偿还的情形，此时公司就需要对其进行转销，此时账务处理较简单，仍以前面的例子说明。

如果公司发生的 94.10 万元的应付账款到期无法偿还，那么在期末结转时，就需要根据它的账面价值计入营业外收入，此时财务人员就需要编制如下的会计分录，并填写相应的会计凭证，如图 3-5 所示。

借：应付账款　　　　　　　　　　　　　941 000

贷：营业外收入——其他　　　　　　　　941 000

转账凭证

2015 年 12 月 31 日					编号：0048	
序号	科目代码	会计科目	摘要	借方金额	贷方金额	附件3张
1	2202	应付账款	转销货款	941 000.00		
2	6301	营业外收入			941 000.00	
			合计：	941 000.00	941 000.00	
记账	出纳	制单	审核			

图 3-5　转销应付账款后会计凭证的填写

如何管理公司的应付账款

我们已经简单认识了公司的应付账款及不同阶段应付账款的账务处理，那么在公司经营中有没有什么管理应付账款的方案呢？

◆ 应付账款明细分析和付款方案

对于公司的应付账款，如同资产一样，需要进行管理，那么该如何对应付账款进行管理呢？

一般可以从明细分析和付款方案进行管理，明细分析一般指公司可以从供应商、发票日期、发票号码、发票金额、结账期、到期日期、逾期天数、已付金额、是否欠款、余额和逾期余额等方面进行分析，下面以三家公司的应付账款明细为例进行分析，具体如图 3-6 所示。

供应商名称	发票日期	发票号码	发票金额	结账期	到期日期
宏达××纸业有限公司	2016/2/6	AA00012011	¥5 000.00	90	2016/5/6
××商贸有限责任公司	2016/2/13	AA00012015	¥2 000.00	60	2016/4/13
国贸××商贸有限公司	2016/3/9	AA00012018	¥8 500.00	30	2016/4/8
到期状态	逾期天数	已付金额	是否欠款	余额	逾期余额
否	0	¥2 000.00	欠	¥3 000.00	0
是	15	¥-	欠	¥2 000.00	¥5 000.0
是	20	¥-	欠	¥8 500.00	¥8 500.0

图 3-6　应付账款明细分析

从图 3-6 可知，公司选择以应付票据偿还应付账款，分别从开出发票的日期、发票号码、发票金额、结账日期、到期日期、逾期天数、已付金额、是否欠款、余额和逾期余额等方面来对应付账款的详细情形进行分析。图 3-7 所示为根据偿还的金额的不同，提供的两种付款方案，从而实现对应付账款的偿还。

应付账款付款方案表				
编号	供应商名称	余额	付款方案一	付款方案二
1	昌吉××商贸有限公司	¥2 000.00	¥2 000.00	¥2 000.00
2	××食品饮料有限公司	¥9 000.00	¥9 000.00	¥9 000.00
3	恒昌××商贸有限公司	¥16 000.00	¥9 600.00	¥16 000.00
4	恒源××商贸有限公司	¥15 658.00	¥9 394.80	¥15 658.00
5	××商贸有限公司	¥12 500.00	¥7 500.00	¥12 500.00
6	××副食店	¥-	¥-	¥-
7	××食品饮料有限公司	¥8 000.00	¥8 000.00	¥8 000.00
	取整合计	¥63 158.00	¥45 494.80	¥63 158.00

图 3-7　应付账款付款方案

◆ 将预收账款计入应付账款

预收账款是指公司在销售商品或对外提供劳务以后，按照合同预收的一些款项，如果预收账款较少，则可以直接计入应收账款科目，如果较多，则应单独记录。那么预收账款该如何进行会计处理呢？下面举例说明。

A公司在2015年6月5日，对外销售了一批本公司的产品，预收了对方公司的账款1万元，对方公司开来转账支票。

在2015年7月5日，A公司向对方公司开出增值税专用发票，注明价款为5万元，增值税为8500元，而该批产品的实际生产成本为3.85万元，在10天后，收到了对方公司转来的剩余款项，金额为4.85万元，而公司的财务人员据此编制了会计分录，并记入相应的会计凭证。

当A公司受到对方公司转来的预收账款时编制会计分录如下。

借：银行存款　　　　　　　　　　　　10 000

　贷：预收账款　　　　　　　　　　　　10 000

当A公司开出增值税发票后确认相应的收入，会计分录如下。

借：预收账款　　　　　　　　　　　　58 500

　贷：主营业务收入　　　　　　　　　　50 000

　　应交税费——应交增值税（销项税）　 8 500

一般在计算收入以后，就应该计算相应的成本，具体如下。

借：主营业务成本　　　　　　　　　　38 500

　贷：库存商品　　　　　　　　　　　　38 500

当A公司收到对方公司发来的剩余款项时，账务处理如下。

借：银行存款　　　　　　　　　　　　48 500

　贷：预收账款　　　　　　　　　　　　48 500

如上就完成了对预收账款的整个计算，在公司的资产负债中，应收账款的借方余额是应收账款科目下的借方余额与预收账款借方余额的总计。

轻松处理应付账款

在公司的生产经营中有购买商品后，对方公司开来的增值税发票已收到，但商品还在运送途中，且商品货款还未支付的情形。那么此时财务人员要对公司发生的经济业务该如何处理呢？下面举例说明。

B 公司在 2015 年 8 月 5 日，从外购入一批商品，在 8 月 10 日，对方开具了相应的增值税发票，上面注明该批商品的价款为 10 万元，增值税为 1.7 万元，同时 B 公司需要承担的包装费及运输费8 000 元，此时商品还未收到，因此 B 公司未支付货款。公司的财务人员针对该业务做了如下的账务处理，并填写对应的会计凭证，如图 3-8 所示。

借：在途物资　　　　　　　　　　　　　108 000

　　应交税费——应交增值税（进项税）　17 000

　贷：应付账款　　　　　　　　　　　　　125 000

转账凭证

序号	摘要	科目代码	会计科目	借方金额	贷方金额	
2015 年 8 月 10 日					编号：0065	
1	购入商品	1402	在途物资	108 000.00		附件3张
2		21710101	应交税费—应交增值税（进项税）	17 000.00		
		2202	应付账款		125 000.00	
	合计：			125 000.00	125 000.00	
记账	制单		出纳	审核		

图 3-8　未收到商品情形下应付账款凭证的填制

对于还未验收入库或未到达公司的商品，一般会计入资产负债表中的在途物资，图 3-8 中所示的对方公司已经开具增值税发票，那么就将以发票上的价款、相应的增值税、包装费和运输费等对应款项入账。

在上例中，如果商品最后验收入库，同时公司支付了相应的货款，那么财务人员将做如下的账务处理，对应付账款进行冲销。

借：应付账款　　　　　　　　　　　　125 000
　　贷：库存商品　　　　　　　　　　　　125 000

 # 应付职工薪酬：员工待遇有多好

员工是公司不断发展的动力，尤其对于新公司而言，优秀的员工更可贵。当员工为公司贡献自己的力量时，公司也应该为员工支付相应的报酬及奖金等福利待遇，两者相互协调，相互配合，才能实现双赢。那么公司该如何管理员工的薪酬呢？

应付职工薪酬的组成

应付职工薪酬是指公司员工因提供服务而产生的各种形式的报酬，全部纳入职工薪酬的范围，包括员工在公司服务期间应得的全部的以货币表示的薪酬和其他的一些非货币性的薪酬，同时还包括提供给员工家人的一些福利，具体如下。

- ◆ 工资、津贴、补贴：工资指职工因完成本职工作而应得的福利，而津贴指对员工的额外劳动的补贴，补贴主要体现在公司对员工的一些物价补贴和上下班交通费补贴等。
- ◆ 职工福利费：指公司为了留住员工及关怀员工，而给予员工的一些福利，如在公司内部设置医务室、浴室和托儿所等方便员工的生活。
- ◆ 社保：指根据国家规定为员工缴纳的大部分的保险费用，保障员工的医疗、养老、失业、工伤和生育等权利。
- ◆ 住房公积金：这主要是为了解决员工的住房问题，公司按照国家的规定，按一定比例缴纳的住房公积金。

◆ 工费经费和职工教育经费：工费经费指为了提高公司员工的文化生活，公司从成本中提取的一部分费用，而职工教育经费则主要用来对员工进行培训提高员工的技能而产生的一些费用。

◆ 非货币性福利：指公司因节假日发放给员工的一些福利，但不以货币的形式表示，而是给予员工具体的物品。

货币型的职工薪酬账务处理

在货币薪酬里，我们常见的就是公司对于员工的工资、社保和住房公积金等的处理，下面以案例的方式说明。首先，我们了解一下员工工资的明细资料，如表 3-1 所示。

表 3-1　员工工资表

员工编号	员工姓名	所属部门	基本工资	员工奖金	考勤扣除
QDWH201508011	张玺	市场部	¥5 500.00	¥500.00	¥160.00
QDWH201508009	郑玮	市场部	¥3 500.00	¥300.00	¥—
QDWH201508010	白罗	市场部	¥2 500.00	¥—	¥40.00
QDWH201508012	罗萍	财务部	¥6 000.00	¥—	¥100.00
QDWH201508013	谭月	财务部	¥3 500.00	¥—	¥150.00
QDWH201508014	刘宇	财务部	¥3 500.00	¥500.00	¥100.00
QDWH201508015	柯凡	客户中心	¥6 500.00	¥—	¥300.00
QDWH201508017	杨丽	技术部	¥4 000.00	¥1 000.00	¥—

从表 3-1 可知，员工因为所在部门和职位不同，奖金和考勤扣除的标准也不同，因此工资明细表中呈现出来的员工工资也是不同的，在实际计算中，还需要计算员工个税的扣除。

根据国家的最新规定，个税扣除可以从四大方面说明，一是常见的上班族的个税扣除；二是对于年终奖的个税扣除；三是个体工商户的个税扣除；四是劳务报酬的个税扣除等，具体如下。

个人工薪税率计算包括两方面：一是纳税人自己承担税收，二是由单位代付的税收。前者称为含税的应纳税所得额,后者称为不含税的应纳税所得额,其中可分为 7 级税率,税率变动范围为 3% ~ 45%,不同级别的速算扣除数不同,具体如表 3-2 所示。

表 3-2　工资、薪金的个人所得税税率表

级数	应纳税所得额(含税)	应纳税所得额(不含税)	税率(%)	速算扣除数
1	不超过 1 500 元的	不超过 1 455 元的	3	0
2	超过 1 500 元至 4 500 元的部分	超过 1 455 元至 4 155 元的部分	10	105
3	超过 4 500 元至 9 000 元的部分	超过 4 155 元至 7 755 元的部分	20	555
4	超过 9 000 元至 35 000 元的部分	超过 7 755 元至 27 255 元的部分	25	1 005
5	超过 35 000 元至 55 000 元的部分	超过 27 255 元至 41 255 元的部分	30	2 775
6	超过 55 000 元至 80 000 元的部分	超过 41 255 元至 57 505 元的部分	35	5 505
7	超过 80 000 元的部分	超过 57 505 的部分	45	13 505

年终奖的所得税的税率与工资薪金的所得税税率计算大体相同,只是年终奖需要将总额与 12 相除,计算出每月的收入,然后再计算税率,如表 3-3 所示。

表 3-3　年终奖适用的个人所得税税率表

级数	平均每月收入	速算扣除数	税率(%)
1	不超过 1 500 元的	0	3
2	超过 1 500 元至 4 500 元的部分	105	10
3	超过 4 500 元至 9 000 元的部分	555	20
4	超过 9 000 元至 35 000 元的部分	1 005	25
5	超过 35 000 元至 55 000 元的部分	2 775	30
6	超过 55 000 元至 80 000 元的部分	5 505	35
7	超过 80 000 元的部分	13 505	45

对于一些自营的个体工商户来说,和个人的薪金一样,也存在含税级距和不含税级距,计税的基础是以年度收入为准,含税级距 = 总收入 −

成本 – 费用 – 损失的余额，而不含税级距计算方式也相同，不过支付税收的主体不是本人，而是由他人代付，具体的税率如表 3-4 所示。

表 3-4　个体工商户适用的所得税税率表

级数	含税级距	不含税级距	税率(%)	速算扣除数
1	不超过 15 000 元的	不超过 14 250 元的	5	0
2	超过 15 000 元到 30 000 元的部分	超过 14 250 元至 27 750 元的部分	10	750
3	超过 30 000 至 60 000 元的部分	超过 27 750 元至 51 750 元的部分	20	3 750
4	超过 60 000 元至 100 000 元的部分	超过 51 750 元至 79 750 元的部分	30	9 750
5	超过 100 000 元的部分	超过 79 750 元的部分	35	14 750

在实际生活中，一般还会存在一些特殊的人群，他们独立地提供各种非雇佣性的各种劳务所得，如广告设计、拍电影和演出等，在新规定出来后，对于劳务报酬所得也实行累计计税，它一般也实现含税级距和不含税级距，前者一般是纳税人自己负担相关税收，而后者一般由单位负担。同时两者都需要扣除其中的一些相关费用，相对来说，纳税的起点也较高，具体的税率表如表 3-5 所示。

表 3-5　劳务报酬适用的个人所得税税率表

级数	含税级距	不含税级距	税率(%)	速算扣除数
1	不超过 20 000 元的	不超过 16 000 元的	20	0
2	超过 20 000 元到 50 000 元的部分	超过 16 000 元至 37 000 元的部分	30	2 000
3	超过 50 000 元的部分	超过 37 000 元的部分	40	7 000

除了如表 3-2 至表 3-5 所示的 4 种情形的计税外，在实际计算中，一般还包括其他类型，如特许权使用费、财产转让、财产租赁、利息或红利和稿酬等的计税，具体如下。

◆ 特许权使用费：对于个人或公司因一些符合国家规定的特许权所取得的收入，实行分阶段计税，如果收入在 4 000 元以上时，税

额 = 收入 × （1-20%）× 20%。如果收入低于 4 000 元，则税额 = 收入 × （每次收入额 -800）× 20%。

◆ 财产转让：首先计算税率的基础数据，一般是采用公式：税额 = （转让的价款 - 财产原值 - 相关费用）× 20%。

◆ 财产租赁：根据收入大小确定，当收入 ≤ 4 000 元，税额 = 收入 -800；当收入 > 4 000 元，税额度 = 收入 × （1-20%）。

◆ 利息或红利：在公司中，也统一地适用 20% 的比例税率。

◆ 稿酬：也适用 20% 的比例税率，同时在应纳税额的基础上减征 30%。

当我们已经了解公司员工的工资及个税扣除规则后，那么我们就需要来了解公司员工的薪酬明细。下面是公司在 2015 年 3 月 10 日制作的工资表明细，主要从公司的部门、工资总额、养老保险、医疗保险、失业保险、生育保险和工伤保险所占的比例说明，如表 3-6 所示。

表 3-6　公司的职工薪酬明细表

公司部门	工资总额	养老保险（28.0%）	医疗保险（8.5%）	失业保险（2.0%）	生育保险（0.6%）	工伤保险（0.6%）
基本生产车间	¥3 500.00	¥980.00	¥297.50	¥70.00	¥21.00	¥21.00
基本生产车间	¥4 500.00	¥1 260.00	¥382.50	¥90.00	¥27.00	¥27.00
基本生产车间	¥6 000.00	¥1 680.00	¥510.00	¥120.00	¥36.00	¥36.00
基本生产车间	¥3 500.00	¥980.00	¥297.50	¥70.00	¥21.00	¥21.00
车间管理部门	¥3 500.00	¥980.00	¥297.50	¥70.00	¥21.00	¥21.00
车间管理部门	¥6 500.00	¥1 820.00	¥552.50	¥130.00	¥39.00	¥39.00
车间管理部门	¥6 000.00	¥1 680.00	¥510.00	¥120.00	¥36.00	¥36.00
行政管理部门	¥3 500.00	¥980.00	¥297.50	¥70.00	¥21.00	¥21.00
行政管理部门	¥4 000.00	¥1 120.00	¥340.00	¥80.00	¥24.00	¥24.00
行政管理部门	¥3 500.00	¥980.00	¥297.50	¥70.00	¥21.00	¥21.00
财务部	¥4 000.00	¥1 120.00	¥340.00	¥80.00	¥24.00	¥24.00
财务部	¥5 500.00	¥1 540.00	¥467.50	¥110.00	¥33.00	¥33.00

公司部门	工资总额	养老保险 （28.0%）	医疗保险 （8.5%）	失业保险 （2.0%）	生育保险 （0.6%）	工伤保险 （0.6%）
财务部	¥5 500.00	¥1 540.00	¥467.50	¥110.00	¥33.00	¥33.00
合计	¥59 500.00	¥16 660.00	¥5 057.50	¥1 190.00	¥357.00	¥357.00

根据上例我们可知该公司的职工薪酬，不仅包括员工的个人工资总额还包括了公司为员工购买的养老、医疗、失业、生育和工伤保险，而其所计提的比例分别为 28.0%、8.5%、2.0%、0.6% 和 0.6%。

那么财务人员可以就需要编制相应的会计分录如下。

借：生产成本   17 500.00

  制造费用   16 000.00

  管理费用   11 000.00

  财务费用   15 000.00

 贷：应付职工薪酬——工资   35 878.50

      ——社会保险费 23 621.50

根据如上的会计分录，那么公司财务人员就可以据此填写相应的会计凭证，如图 3-9 所示。

转账凭证					
2015 年 3 月 10 日				编号：0058	
序号	摘要	会计科目	科目代码	借方金额	贷方金额
1	发放工资	生产成本	4101	17 500.00	
2		制造费用	4105	16 000.00	
		管理费用	5502	11 000.00	
		财务费用	5503	15 000.00	
		应付职工——工资薪酬	2151		35 878.50
		社会保险费	2153		23 621.50
		合计：		59 500.00	59 500.00
记账	出纳	制单	审核		

（附件 3 张）

图 3-9 根据职工薪酬填写的会计分录

非货币性福利账务的账务处理

在公司的日常经营中，除了对员工工资的发放、一些津贴和奖金等一般的福利待遇外，公司一般还会在节假日或纪念日给予员工一些非货币性的福利，那么对于这些福利公司该如何入账呢？

在2015年5月10日，A公司购买一些日用品如大米、面粉、洗衣粉等发放给职工，公司由于规模较小，共有职工20人，其中直接生产人员8人，车间管理人员5人，行政管理人员3人，财务人员4人。

在支付货款后，公司收到了发货单位开出的增值税发票，发票上注明发票的价款为8 000元，增值税为1 360元。

该业务发生后，财务人员就对此做了相应的账务记录。

在支付该笔货款后，需要编制相应的会计分录如下。

借：应付职工薪酬——非货币性福利　　　　9 360

　　贷：银行存款　　　　　　　　　　　　　　9 360

接下来需要计算相应的成本，如计入生产成本的给予8名直接生产人员非货币性薪酬=9 360×8/20=3 744（元）；计入制造费用的给予车间5名管理人员非货币性薪酬=9 360×5/20=2 340（元）；计入管理费用的给予3名行政人员非货币性薪酬=9 360×3/20=1 404（元）；计入财务费用的给予4名财务人员非货币性薪酬=9 360×4/20=1 872（元）。

根据计算得出的数据，公司的财务人员据此编制如下的会计分录。

借：生产成本　　　　　　　　　　　　　3 744

　　制造费用　　　　　　　　　　　　　　2 340

　　管理费用　　　　　　　　　　　　　　1 404

　　财务费用　　　　　　　　　　　　　　1 872

　　贷：应付职工薪酬——非货币性福利　　　　9 360

当会计分录编写完成以后，财务人员就将该数据编入会计凭证，需要
分别填制付款凭证和转账凭证，分别对业务发生的日期、与业务相关的会
计科目、科目代码、借、贷方金额等方面进行说明，其中借贷方的金额一
定要保持平衡，具体如图 3-10 所示。

付款凭证						
2015 年 5 月 10 日					编号：0058	
序号	摘要	会计科目	科目代码	借方金额	贷方金额	
1	购买商品	应付职工——非货币性福利	215302	9 360.00		附件3张
2		银行存款	1002		9 360.00	
			合计:	9 360.00	9 360.00	
记账		出纳	制单	审核		

图 3-10　货款支付的凭证填写

相对来说，图 3-10 中的付款凭证反映的是公司的银行存款减少，但
我们在使用转账凭证的时候应该如何填制呢？在上例中计算相应的成本
时，转账凭证的填制应如图 3-11 所示。

转账凭证						
2015 年 5 月 10 日					编号：0058	
序号	摘要	会计科目	科目代码	借方金额	贷方金额	
1	计算成本	生产成本	4101	3 744.00		
2		制造费用	4105	2 340.00		
		管理费用	5502	1 404.00		附件3张
		财务费用	5503	1 872.00		
		应付职工——非货币性福利	215302		9 360.00	
			合计:	9 360.00	9 360.00	
记账		出纳	制单	审核		

图 3-11　转账凭证填写

 # 短期借款：短期拥有货币资金

对于新成立的公司而言，为了保持公司资金的充足及短期投资的需

要，公司一般会进行短期借款，那么短期借款如何获得？短期借款的用途是哪些？当公司发生短期借款后，账务该如何处理？这些都是公司在发生短期借款后需要解决的问题，下面来简单了解一下短期借款。

短期借款的内容

短期借款作为借款的一种，是指偿还期限在一年以下，一般通过向银行或其他金融机构借贷获得的借款，包括结算借款、票据贴现借款、卖方信贷、日常经营周转的借款、临时借款和专项储备借款等，具体内容如下。

- 结算借款：适用于公司采用托收承付来办理商品的结算时，为支付相应的款项，而向银行借来的款项。
- 票据贴现借款：指公司将手中持有的各种承兑汇票用于贴现的借款，包括银行汇票和商业汇票两种，借款的期限一般不能超过3个月。
- 卖方信贷：主要指一些具有龙头地位的公司，在销售产品后，因为账款还未收回，但是需要一定经营资金，经过国家批准，向银行申请的借款。
- 日常经营周转的借款：指公司借款的目的在于满足日常的经营需要，也可以称为生产周转借款或商品周转借款。
- 临时借款：指公司受季节性或其他影响，需要暂时向外借贷一定的资金用于公司生产的借款。
- 专项储备借款：指公司借款的目的在于专款专用，如为了投资某一项目，通过国家批准后向银行进行的借款。

短期借款申请的条件

当公司的生产经营出现一定的资金需求，而公司本身无法供应时，那么就需要对外申请短期借款，申请短期借款需要满足一定的条件，具体如下。

◆ 公司的信誉：当银行审核时，首先的条件就是公司的信誉，要求公司无不良的信用记录，具有一定的偿债能力，而且营业执照在合格的范围内。

◆ 公司的经营能力：对于公司来说，需要满足公司成立的年数在两年以上，年度财务报告在一个以上，销售收入和毛利润等连续两年为正值。

◆ 公司的管理能力：要求公司具有一定的组织机构，有固定的经营场所，在国家的监督下合法经营，产品具有一定的市场。

除了如上的条件，一般还需要满足在申请借款的银行或小贷公司具有结算账户，并且需要满足一定的信贷政策及金融机构的法律法规政策。

公司在借贷前，需要了解银行的贷款情况，我们可以从贷款期限及贷款利率两方面进行了解，具体如下。

◆ 贷款期限：公司的贷款期限，一般可以从短期、中长期和贴现等进行划分，短期的期限一般为半年或一年，而中长期则为 1 ~ 3 年、3 ~ 5 年和 5 年以上，而贴现则以具体的贴现日期为准。

◆ 具体的利率：对于半年的借款利率一般为 5.6%，1 年的借款利率为 6%；而在中长期的借款中，1 ~ 3 年借款利率为 6.15%，3~5 年的借款利率为 6.4%，5 年以上的借款利率为 6.55%；如果公司选择再贴现，那么借款利率就以再贴现的利率为下限，并且加点确定。

短期借款办理流程

公司满足了申请的短期借款的条件后，接下来就需要携带一定的资料到银行办理短期借款，不同的银行对于办理的短期借款要求准备的资料有细微差别，但大体要求相同。

一般需要办理人员的身份证和居住地址，此外还需要公司的营业执照、税务登记证、法人证明资料、纳税证明、近期的年度审计报告、担保物或担保证明公司章程和验资报告等。

公司办理短期借款的流程第一步是向银行提出申请，双方会进行协商，公司再向银行提交相应的材料，银行会对相应的材料进行审核，如进行实地调查和风险预测，如果审核通过，那么双方就能签订相应的借款合同，并约定放款的期限，具体如图 3-12 所示。

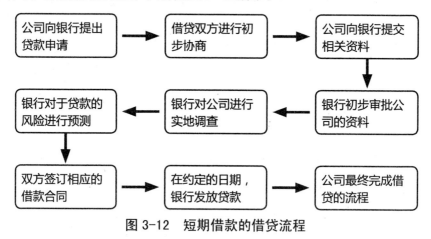

图 3-12　短期借款的借贷流程

当公司获得贷款后，在约定还款日期到来之前，公司一定要准备相应的资金，做好还款的准备，当到期时，公司应该主动开出结算凭证，向银行办理还款手续，如果因一些自身原因而无法到期还款，就可以向银行申请展期，即逾期还款，并确定好再次还款的金额及日期，等待银行的审核。

如果已到还款期限，而公司却未主动还款或申请展期的，银行会在公司的存款账户中采取主动扣款的方式，扣除公司借款的本利息。

如果公司忘记了自己的还款期限也不用担心，银行会出具还款通知单到公司，短期借款的通知时间一般为到期前的一个星期，而中长期贷款的通知时间则为到期前一个月。

短期借款发生后，如何进行处理

公司获得短期借款后，需要对短期借款进行账务处理，总的来说，短期借款的账务处理一般可分为借款转入、利息偿还和本金归还三大阶段，年度期末时将余额登记在资产负债表中短期借款的科目下。那么短期借款在三大阶段的账务该如何处理呢？以下面的例子进行说明。

> 甲公司是一家实业公司，为了生产发展的需要，在 2015 年 3 月 5 日，从中国银行借入短期借款 50 万元，期限为 6 个月，借款的年利率为 5.6%，在借款合同中双方约定，该批借款的本金在到期后一次性支付，利息按季支付。
>
> 公司的财务人员根据该项经济业务做了如下的会计分录。
>
> 首先，当公司借入该笔资金时，会计分录如下。
>
> 借：银行存款   500 000
>
>   贷：短期借款   500 000
>
> 同时投资者填制相应的会计凭证如 3-13 所示。
>
> **收款凭证**
>
> | 2015 年 3 月 6 日 | | | | 编号：0058 | |
> |---|---|---|---|---|---|
> | 序号 | 摘要 | 会计科目 | 科目代码 | 借方金额 | 贷方金额 |
> | 1 | 借入借款 | 银行存款 | 1002 | 500 000.00 | |
> | 2 | | 短期借款 | 2101 | | 500 000.00 |
> | | | | | | |
> | | | | 合计： | 500 000.00 | 500 000.00 |
> | 记账 | 出纳 | 制单 | 审核 | | |
>
> 附件 3 张
>
> **图 3-13　借入借款时凭证的填写**
>
> 其次，计算一个季度需要偿还的借款利息，借款利息 =500 000×5.6%/12×3=7 000 元，那么公司在 2015 年 6 月时，偿还季度利息的会计分录编制如下，同时在下一季度月偿还时，编制的会计分录也与此相同。
>
> 借：财务费用   2 333.33
>
>   应付利息   4 666.67
>
>   贷：银行存款   7 000

　　根据上面的会计分录，反映的就是公司的财务费用与应付利息会计科目余额的变动，同时公司的银行账户中银行存款也相应地减少，财务人员据此可填制会计凭证，如图 3-14 所示。

转账凭证					
2015 年 6 月 10 日				编号：0058	
序号	摘要	会计科目	科目代码	借方金额	贷方金额
1	偿还利息	财务费用	5503	2 333.33	
2		应付利息	231104	4 666.67	
		银行存款	1002		
		合计：		7 000.00	7 000.00
记账	出纳	制单	审核		

（附件3张）

图 3-14　偿还利息时凭证的填写

　　最后，在 2015 年 9 月，公司需要偿还相应的本金，需要做出的会计分录如下。

　　借：短期借款　　　　　　　　　　　　　　　500 000

　　　贷：银行存款　　　　　　　　　　　　　　　　　　500 000

　　根据如上的数据，财务人员可填制的会计凭证为付款凭证，它表示公司为偿还短期借款而减少的银行存款，凭证的具体内容与收款凭证大同小异，金额也相同，偿还本金 50 万元，如果公司未在之前支付相应的借款利息，那么在 9 月份还款时还需要计入相应的利息。

　　此时公司需要偿还的银行本利息就为 50.7 万元，在借款存续期间，第二季度的利息和第一季度利息相同，都为 7000 元。

长期借款：公司的对外借债

　　新公司在创业初期遇到资金不足时，向银行或其他的金融机构进行借债，如果短期内不能偿还，可以进行长期借款，下面具体介绍有关长期借款的相关内容。

简单认识长期借款

长期借款是公司与银行或其他的金融机构借入的期限在一年以上的各种借款，属于公司的长期负债。

由于借款金额较大及借款时间较长，因此公司在借贷后，需要对于贷款的使用进行一定的监督管理，长期借款也是资产负债表的重要部分，如图 3-15 所示。

资产负债表				
负债及所有者权益	行次	期初数	期末数	期中发生额
流动负债：				
短期借款	1	¥210 000.00	¥150 000.00	¥60 000.00
应付账款	2	¥50 000.00	¥60 500.00	¥10 500.00
预提费用	3	¥1 000.00	¥2 000.00	¥1 000.00
长期负债	7			
应付债券	8	¥400 000.00	¥200 000.00	¥2 000 000.00
长期借款		¥500 000.00	¥150 000.00	¥350 000.00

图 3-15　资产负债表中的长期借款

如上图所示，在资产负债表中，长期借款和短期借款一样属于负债中的一部分，不同的是短期负债划入流动负债，而长期借款则和应付债券等构成了长期负债的一部分。

长期借款账务处理的三大阶段

对于长期借款的账务处理，可简单地分为取得长期借款、支付借款利息和归还长期借款三大阶段，具体如图 3-16 所示。

取得长期借款

当公司需要一定的资金扩大生产规模或对外投资时，就会向银行或一些小贷公司进行借贷申请从而取得借款。

图 3-16　长期借款账务处理的三大阶段

<table>
<tr><td>

支付借款利息

如同个人归还贷款需要在每年约定的时期支付一定的利息一样，公司进行长期借款后也需要按期支付一定的利息。

</td></tr>
</table>

<table>
<tr><td>

归还长期借款

当到了借款合同的约定时期，公司就需要对本金及最后一期的借款利息进行归还，最好不要逾期归还本利息。

</td></tr>
</table>

图 3-16　长期借款账务处理的三大阶段（续）

我们知道在资产负债表中，会有长期借款的期初、期末以及本期的发生额，这是对长期借款的借入、和归还情况进行的说明。

当公司在对长期借款进行账务处理中，一般会用到的会计科目。如借款——本金、长期借款——利息调整、财务费用等，这些表示借款金额的多少和利息的归还情况，在支付利息前，需要将预支付的利息计入公司的财务费用中，从而保证资产负债表中的余额实现平衡。

在利息支付时，还会用到会计科目"长期利息"，表示需要支付的利息金额的大小，此外还有与此相关的在建工程、制造费用和财务费用等，下面就来讲解在不同的阶段应如何处理账务。

◆ 取得长期借款时的财务处理

当公司从外借入长期借款时，会在银行存款科目中登记增加额，同时在长期借款中登记发生额，如果两者之间具有一定的差额，那么还需要进行相应的调整。

当公司取得长期借款时，意味着公司暂时可支配的资金增加，也意味着公司负债增加，那么当该业务发生以后，财务人员该如何进行账务处理呢？下面简单地举例说明。

　　甲公司是一家生产公司，在 2015 年 2 月 10 日从银行借款 100 万元，借款期限为 5 年，借款利息为 6.4%，公司和银行约定到期一次还本付利，当公司收到该笔账款后就转存入了基本账户。

同时在 2 月 15 日，公司将该笔借款用来购买了一台机器设备，根据对方公司开来的增值税发票，在发票上注明该设备的价款为 50 万元，增值税为 8.5 万元，同时公司还需要支付对方公司垫付的运输费及包装费 8 万元。

根据上述详细情形，公司的财务人员做了如下的会计分录。当公司从外取得相应的银行存款时，需要做如下的账务处理。

借：银行存款   1 000 000

    贷：长期借款——本金   1 000 000

当公司将该笔借款用于购买相应的设备，对于购进的设备应计入资产负债表中的固定资产，而且该设备在运输途中的各种费用，如运输费及包装费等应计入固定资产的账面价值中，因此固定资产的价值不仅仅是价款 50 万元，而是包含相关费用的 58 万元。

当对方开来的增值税发票已经到达该公司时，公司应做如下的账务处理。

通过会计分录的登记，表示公司的固定资产增加 58 万元，其中，还需要计入公司的应交增值税中的进项税 8 500 元，同时公司购入该设备时，是以银行存款支付，那么就应记录减少银行存款 66.5 万元。

借：固定资产   580 000

    应交税费——应交增值税（进项税）   85 000

    贷：银行存款   665 000

当会计分录填写完成以后，财务人员还需要编制相应的会计凭证，在此财务人员需要编制两张会计凭证，一是公司借入资金时需要填写的会计凭证，二是当设备入库后公司需要填写的凭证，具体如图 3-17 所示。

转账凭证

2015 年 2 月 17 日					编号：0001	
序号	摘要	会计科目	科目代码	借方金额	贷方金额	
1	借款转入	银行存款	1002	1 000 000.00		附件3张
2		长期借款	2301		1 000 000.00	
	合计：			1 000 000.00	1 000 000.00	
记账		出纳	制单	审核		

图 3-17 长期借款转入时需要填写的凭证

当设备入库时，需要在固定资产的借款登记相应的金额，同时还需要在借方登记应交税费的应交增值税，如图 3-18 所示。

转账凭证

2015 年 2 月 17 日					编号：0002	
序号	摘要	会计科目	科目代码	借方金额	贷方金额	
1	设备入库	固定资产	1501	580 000.00		附件3张
2		应交税费——应交增值税	21710101	85 000.00		
		银行存款	1002		665 000.00	
	合计：			665 000.00	665 000.00	
记账		出纳	制单	审核		

图 3-18 设备购入后需要填写的凭证

两张凭证分别是长期借款购入后和设备验收后需要填写的凭证，两者都是对于公司发生的经济业务的说明。

◆ 偿还长期借款利息时的财务处理

当公司已经拥有长期借款并用于日常事务后，那么接下来就是对借款利息的偿还。

对于公司需要偿还的长期借款利息来说，利息费用会在资产负债中进行记录，而费用的确定一般采用实际利率法。

在不同的时期偿还，计入的会计科目也不同，如果利息费用是在公司的筹建期间偿还的，应计入管理费用，如果是公司首次偿还利息，就计入财务费用。

以上例的甲公司在 2015 年 2 月 10 日从银行借来的款项 100 万元，利率为 6.4%，借款期限为 5 年为前提，如果公司在每年 2 月 10 日还一次利息，那么财务人员就需要作出如下的会计分录。

首先，要计算每年的长期借款的利息，如果利息为 R，R= 借款总额 × 利率 =1 000 000×6.4%=64 000 元，则需要编写的会计分录如下。

借：财务费用　　　　　　　　　　　　　64 000

　　贷：长期借款——应付利息　　　　　　　　64 000

根据会计分录，填制的会计凭证如图 3-19 所示。

转账凭证					
2015 年 2 月 10 日				编号：0080	
序号	摘要	会计科目	科目代码	借方金额	贷方金额
1	偿还利息	财务费用	5503	64 000	
2		长期借款——应付利息	230102		64 000
	合计：			64 000	64 000
记账		出纳	制单	审核	

附件 3 张

图 3-19　偿还借款利息需要填写的凭证

◆　偿还长期借款的财务处理

当公司到了和银行借款合同约定的还款的期限，公司就需要准备一定的资金用来偿还借款的本金及相应的利息，此时在进行账务处理时一般常用到长期借款——本金、长期借款——应计利息、银行存款等会计科目，财务人员该如何进行处理呢？下面以甲公司的长期借款来说明。

在 2018 年 2 月 10 日，即借款期限的 5 年到期日，公司偿还本金 100 万元和相应利息，此时就需要作出如下的账务处理。

借：长期借款——本金　　　　　　　　　1 000 000

　　　　　　——应付利息　　　　　　　　64 000

　　贷：银行存款　　　　　　　　　　　1 064 000

　　该会计分录主要反映了当公司偿还本金时，公司的财务费用、长期借款、银行存款余额的变化，根据如上的会计分录，可编制相应的会计凭证，如图 3-20 所示。

转账凭证

2018 年 12 月 31 日　　　　　　　　　　　　　　　　编号：0080

序号	摘要	会计科目	科目代码	借方金额	贷方金额	
1	偿还借款					附件3张
2		长期借款——本金	230101	1 000 000		
		长期借款——应付利息	64000	26 666.65		
		银行存款	1002		10 640 000.00	
	合计：			10 640 000.00	10 640 000.00	
记账		出纳	制单	审核		

图 3-20　偿还长期借款时需要填写的凭证

　　公司的长期借款除了如上的购买机器设备等用途外，一般还会用于日常经营，比如，进行工程投资，此时账务该如何处理呢？

　　2014 年 4 月，A 房地产开发公司为了一批新建工程的投资，向银行借贷 1 600 万元，在经过一段时间的审核后，在 2015 年 6 月，银行将贷款的金额转入了公司所在的银行账户。

　　根据合同约定借款期限为两年，借款利率为 6.4%，在每年的 6 月底偿还相应的利息，在两年期限到达后，一次性的还清本金 1 600 万元，在 2015 年 12 月，这批新工程完工，2016 年 6 月底公司归还本息，则财务人员据此做了如下的账务处理。

　　首先是在 2014 年 4 月取得长期借款，此时需要编制会计分录如下。

借：银行存款　　　　　　　　　　16 000 000.00

　　贷：长期借款——本金　　　　　　16 000 000.00

再次，在 2015 年 6 月底，应支付的利息＝本金 × 利率 =16 000 000×6.4%=1 024 000 元；此时会计分录编制如下。

借：在建工程　　　　　　　　　　1 024 000.00

　　贷：应付利息　　　　　　　　　　1 024 000.00

最后，在 2016 年 6 月公司归还相应的本金及贷款时，账务处理如下。

借：长期借款——本金　　　　　　16 000 000.00

　　应付利息　　　　　　　　　　　1 024 000.00

　　贷：银行存款　　　　　　　　　　17 024 000.00

在对于该业务的处理期间，需要先做最初的会计分录，然后再编制相应的会计凭证，而在本业务中，需要填写的凭证较多，下面就简单介绍在开始获得长期借款、中间支付利息和在归还长期借款时的会计凭证的填写。

当公司借入长期借款时，一般表示公司在银行账户中的银行存款的增加，此时需要填制收款凭证，具体如图 3-21 所示。

收款凭证					
2014 年 4 月 10 日				编号：0058	
序号	摘要	会计科目	科目代码	借方金额	贷方金额
1	借入借款	银行存款	1002	16 000 000.00	
2		长期借款	2301		16 000 000.00
			合计：	16 000 000.00	16 000 000.00
记账		出纳	制单	审核	

附件 3 张

图 3-21　收款凭证

在摘要中，可填入发生该项业务的目的，图 3-21 所示为借入借款，同时需要用到相应的会计科目，"银行存款"、"短期借款"同时填入借贷方的金额为 1 600 万元，同时借贷方金额要保持一致。

当公司在 2015 年 6 月底，支付当期利息时，根据相关数据，编制相应的会计凭证，如图 3-22 所示。

转账凭证						
2015 年 6 月 30 日					编号：0058	
序号	摘要	会计科目	科目代码	借方金额	贷方金额	附件3张
1	支付利息	在建工程	1604	1 024 000.00		
2		应付利息	2232		1 024 000.00	
			合计：	1 024 000.00	1 024 000.00	
记账		出纳	制单	审核		

图 3-22　支付利息时填写的转账凭证

当公司在期末时，在会计凭证中反映相应的关于借款本金和应计利息的金额，当公司还款时，公司的银行存款会减少，此时可填制如图 3-23 所示的付款凭证。

付款凭证						
2016 年 6 月 30 日					编号：0080	
序号	摘要	会计科目	科目代码	借方金额	贷方金额	附件3张
1	偿还借款	长期借款——本金	230101	16 000 000.00		
2		长期借款——应付利息	230102	1 024 000.00		
		银行存款	1002			
					17 024 000.00	
	合计：			17 024 000.00	17 024 000.00	
记账		出纳	制单	审核		

图 3-23　期末填写的付款凭证

应交税费：营业税、消费税与增值税

在国家经济的不断发展中，作为国家收入大部分来源的税收发挥了重要的作用，而缴纳税收的主体除了个人纳税者，公司也会通过营业税、消费税、增值税、所得税等为国家的 GDP 做出重要的贡献。

这些税目在资产负债表中都被划入应交税费科目，下面就来简单认识一下这些应交税费。

简单认识应交税费

在公司的应交税费中，科目内容较多，下面就公司常缴纳的税费进行介绍，如与公司生产相关的营业税、与消费相关的消费税、买卖商品的应交增值税，具体内容如下。

- ◆ 应交营业税：是指对于公司的日常性的经营活动所征收的一种税收，如转让无形资产、销售固定资产和对外提供劳务等。
- ◆ 应交消费税：是指因在我国境内生产、加工和销售国家规定的应纳税的消费品而征收的一种税收，一般常与增值税相互配合。
- ◆ 应交增值税：是指商品在销售或购入的过程中，国家向公司征收的一种税目。

应交税费除了上述的三大内容，还包括应交城市建设维护税、应交土地增值税、应交房产税、应交车船税和应交个人所得税等，不同的税收反映了公司不同的经济业务，各自核算的内容也不同。

但总的来说，应交税费作为公司负债的一种，一般会在分录、凭证和账簿中贷方一栏登记应缴纳的应交税费，在借方一栏登记公司已经缴纳的有关税费，如果期末余额在贷方，则表示公司还未完全缴纳相关税费，对于具体的财务处理，下面做简单的介绍。

应交营业税的账务处理

营业税是指在公司的生产经营中，以公司的营业额为征收对象的一种税收，根据不同的差别，一般适用3% ～ 20% 的税率。公司缴纳的营业税的余额计入资产负债表中的"应交营业税"的会计科目中，期末余额在贷方表示到期末还未交清的营业税，下面以案例的方式进行说明。

A公司为一家小规模的中介公司，每月的营业额在10万元左右，根据国家的规定需要交纳5%的营业税，则计提营业税和缴纳营业税时，应做一定的账务处理。

首先，需要计算出营业税额，营业税额＝营业额×适用税率＝100 000×5%＝5 000元；其次，需要计提相关的营业税，账务记录如下所示。

借：营业税金及附加　　　　　　　　　　　　5 000

　　贷：应交税费——应交营业税　　　　　　　　　　5 000

根据上述分录可填写会计凭证，如图3-24所示。

转账凭证						
2015年××月××日				编号：0070		
序号	摘要	会计科目	科目代码	借方金额	贷方金额	附件3张
1	缴纳税收	营业税金及附加	5402	5 000.00		
2		应交营业税	217102		5 000.00	
		合计：		5 000.00	5 000.00	
记账		出纳	制单	审核		

图3-24　缴纳税收前需要填写的凭证

当公司实际支付时，则需要做出如下的会计分录。

借：应交税费——应交营业税　　　　　　　　5 000

　　贷：银行存款　　　　　　　　　　　　　　　　5 000

据此，财务人员还编制了付款凭证，如图3-25所示。

付款凭证						
2015年××月××日				编号：0071		
序号	摘要	会计科目	科目代码	借方金额	贷方金额	附件3张
1	支付税收	应交营业税	217102	5 000.00		
2		银行存款	1002		5 000.00	
		合计：		5 000.00	5 000.00	
记账		出纳	制单	审核		

图3-25　支付税收时需要填写的凭证

如果在不计提税收的前提下，则可将收入直接入账，具体如下。

借：银行存款　　　　　　　　　　　　　　　100 000

贷：主营业务收入　　　　　　　　　　　　　100 000

据此，财务人员还编制了付款凭证，如图 3-26 所示。

付款凭证

2015 年 ×× 月 ×× 日					编号：0071	
序号	摘要	会计科目	科目代码	借方金额	贷方金额	附件3张
1	销售商品	银行存款	1002	10 000.00		
2		主营业务收入	5101		10 000.00	
			合计：	10 000.00	10 000.00	
记账		出纳	制单	审核		

图 3-26　直接入账时需要填写的凭证

应交消费税的账务处理

在公司的生产经营中，除营业税外，一般还会涉及公司的消费税。

消费税指国家对于在我国境内生产、委托加工和进口的一些消费商品而征收的税收，对于消费税的征收，公司一般会采取从价定率和从量定额的方式计算，两者的区别如下。

◆ 从价定率法：它计税的依据是商品的销售价格，以此为基数得出的计算公式为：应交消费税额＝销售额 × 税率。

◆ 从量定额法：它计税的依据是国家规定的公司应税消费品的数量，以此为基数得出的计算公式为：应交消费税额＝应税消费品的数量 × 税率。

因为公司的经济业务中，一般不会单一地计算某一种税目，它们通常是紧密相连的，例如增值税和消费税，在计算消费税的过程中从价定率的计税方法常被公司使用，下面以案例的形式简单地讲解其中的账务处理方法。

A 公司为一般的增值税纳税人，在 2015 年 3 月，将生产的一批国家规定的应税消费品，销售给 B 公司，产品适用 17% 的增值税率，10% 的消费税率，其中产品的销售价款为 50 万元，成本为 35 万元，B 公司通过银行账款支付了相应的款项，A 公司的财务人员在该业务发生后，做出了如下的账务处理。

首先，计算收入，当 A 公司收到 B 公司的转来的货款时，应通过银行存款、主营业务收入和增值税等做如下的账务处理。

借：银行存款　　　　　　　　　　　　585 000

　　贷：主营业务收入　　　　　　　　　500 000

　　　　应交税费——应交增值税（销项税）　85 000

其次，公司需要结转相关的成本，已知成本为 35 万元，则会计分录如下。

借：主营业务成本　　　　　　　　　　350 000

　　贷：库存商品　　　　　　　　　　　350 000

最后，确认公司需要交纳的消费税，根据公式，应交消费税额 = 营业额 × 适用税率 =500 000×10%=50 000 元，则需要做出如下的账务处理。

借：营业税金及附加　　　　　　　　　50 000

　　贷：应交税费——应交消费税（销项税）　50 000

应交增值税的账务处理

当公司销售产品或进口产品时，财务人员在账务处理时会常常用到应交增值税的会计科目，不同的公司账务处理也会存在差别。

缴纳增值税的主体可以分为纳税人和小规模纳税人，在计算具体的增值税时，一般会涉及两种税——销项税和进项税。公司因销售而产生的增值税，称为销项税，而公司因进口相关的产品而产生的增值税为进项税。

一般纳税人的应纳增值税＝当期销项税－当期进项税，而小规模纳税人的应纳增值税＝销售额 × 规定的征收利率，下面分别予以说明。

◆ 一般纳税人增值税的账务处理

一般公司在核算增值税时，主要从增值税的发生、抵扣、缴纳、退税和转出等方面计算，举例说明如下。

> 甲公司为一般纳税人，在 2015 年 3 月 12 日，从外购入一台机器设备，设备价款及相应的运杂费等总计 52 万元，同时在收到的增值税发票上，增值税为 8.84 万元，公司已经通过银行存款支付了相应的款项，公司的财务人员在该项经济业务发生后做了如下的账务处理。
>
> 借：固定资产　　　　　　　　　　　520 000.00
>
> 　　应交税费——应交增值税（进项税）　88 400.00
>
> 　贷：银行存款　　　　　　　　　　　　　608 400.00
>
> 据此，财务人员编制了付款凭证，如图 3-27 所示。

付款凭证						
2015 年 3 月 12 日				编号：0060		
序号	摘要	会计科目	科目代码	借方金额	贷方金额	
1	购买设备	固定资产	1501	520 000.00		附件3张
2		应交税费——应交增值税（进项税）	21710101	88 400.00		
		银行存款	1002		608 400.00	
			合计：	608 400.00	608 400.00	
记账		出纳	制单	审核		

图 3-27　购买机器设备后付款凭证的填写

同时甲公司在 2015 年 3 月 15 日还销售出一批产品，售价为 80 万元，在开出的增值税发票上注明价款为 80 万元，增值税为 13.6 万元，在 3 月 20 日，对方公司以转账支票的形式，支付相应的货款，据此，公司做了如下的账务处理。

借：银行存款　　　　　　　　　　　　936 000.00

　　贷：主营业务收入　　　　　　　　　　800 000.00

　　　　应交税费——应交增值税（销项税）　136 000.00

根据上述分录可填写会计凭证，如图 3-28 所示。

收款凭证						
2015 年 3 月 20 日				编号：0070		
序号	摘要	会计科目	科目代码	借方金额	贷方金额	
1	销售商品	银行存款	1002	936 000.00		附件3张
2		主营业务收入	5101		800 000.00	
		应交税费——应交增值税（销项税）	21710105		136 000.00	
			合计：	936 000.00	936 000.00	
记账		出纳	制单	审核		

图 3-28　销售商品后收款凭证的填写

如上，如果在 3 月份发生的增值税只有购买设备的 52 万元和销售产品的 30 万元，以及进项税 8.84 万元和销项税 13.6 万元，那么在本月应交的增值税 = 销项税 – 进项税 =13.6 万 –8.84 万 =4.76 万元，那么公司的账务处理如下。

首先在借方记录公司的应交税费 4.76 万元，在贷方登记减少的银行存款 4.76 万元，最终保持借贷的平衡，具体如下。

借：应交税费——应交增值税（销项税）　47 600.00

　　贷：银行存款　　　　　　　　　　　　47 600.00

根据上述分录可填写会计凭证，如图 3-29 所示。

付款凭证						
2015 年 3 月 20 日				编号：0070		
序号	摘要	会计科目	科目代码	借方金额	贷方金额	
1	支付增值税	应交税费——应交增值税（销项税）	21710105	47 600.00		附件3张
2		银行存款	1002		47 600.00	
			合计：	47 600.00	47 600.00	
记账		出纳	制单	审核		

图 3-29　支付应交增值税

上例为公司的增值税从发生到最终支付的过程，其中还运用到了一般纳税人增值税的计算公式，应缴纳的增值税额＝销项税额－进项税额。

如果公司出口相关的产品，国家还会在一定的程度上进行退税，如上例中，如果甲公司的产品销往国外，假设出口退税额为 5 万元，那么此时公司的存款就会增加，将其计入"其他应收款"科目，账务处理就如下。

借：其他应收款　　　　　　　　　　50 000.00

　　贷：应交税费——应交增值税（出口退税）50 000.00

◆　小规模纳税人增值税的账务处理

从纳税的主体出发，可分为一般纳税人和小规模纳税人，我们已经了解了一般纳税人的增值税账务处理，那么小规模纳税人的账务处理又存在哪些不同呢？举例说明如下。

A 公司为小规模纳税人，在 2015 年 5 月 10 日销售一批产品，开出的增值税发票上注明价款为 26 万元，对方公司通过转账支票的形式，支付了相应的货款，财务人员在发生该业务后，根据国家规定的增值税的征收率为 3%，对增值税额做了如下的账务处理。

首先，计算应缴纳的增值税，在对方发来的增值税价款，是含税的价款，那么不含税的价款＝含税价格／（1＋征收率）=260 000/（1+3%）=252 427.18（元）；而应纳增值税额＝不含税的销售价格 × 征收率 =252 427.18×3% ＝ 7 572.82（元）。

其次，根据计算结果，编制相应的会计分录如下。

借：银行存款　　　　　　　　　　260 000.00

　　贷：主营业务收入　　　　　　　　252 427.18

　　　　应交税费——应交增值税（销项税）　7 572.82

从如上的会计分录可以看出，公司通过销售商品，公司的银行存款增加，同时主营业务收入的余额也增加，根据如上的分录需要

编制相应的会计凭证，如图3-30所示。

收款凭证

2015年5月10日   编号：0070

序号	摘要	会计科目	科目代码	借方金额	贷方金额	
1	销售商品	银行存款	1002	260 000.00		附件3张
2		主营业务收入	5101		252 427.18	
		应交税费——应交增值税（销项税）	21710105		7 572.82	
			合计：	260 000.00	260 000.00	
记账		出纳	制单	审核		

图3-30 销售后凭证的填写

当公司通过银行存款支付相应的增值税时，则需要做出如下的账务处理，对账款进行冲销。

借：应交税费——应交增值税　　　　　　7 572.82

贷：银行存款　　　　　　　　　　　　　　　　7 572.82

对于此时的凭证填写和上例的收款凭证填写公式大同小异，不同之处在于借方为应交税费——应交增值税，贷方为银行存款，该业务表示公司为了支付增值税，从而银行存款减少。

 # 应付票据：公司的汇票飞走了

新公司在生产经营过程中，当购买或销售商品后，通常会利用汇票等票据的方式进行转账付款。对于这些经济业务，在账务处理时会被记录在资产负债表中的应付票据科目，下面来简单了解有关应付票据的内容，以及如何对应付票据进行账务处理。

简单认识应付票据

公司常用的汇票一般可分为两大类，包括商业承兑汇票和银行承兑汇票，两者的具体比较如表 3-7 所示。

表 3-7　商业承兑汇票和银行承兑汇票的比较

项目	商业承兑汇票	银行承兑汇票
定义	出票人签发，委托付款人在指定日期无条件支付确定的金额给收款人或持票人的票据	由收款人或承兑申请人签发，并由承兑申请人向开户银行申请，经银行审查同意承兑的票据
承兑人	一般为除银行外的付款人	主要是我国的各大银行
承兑期限	双方可协商，但最长不超过 6 个月	付款期限为自出票日起 1 个月
收款人签发	该类商业承兑汇票交付款人承兑	交承兑申请人持汇票和购销合同向其开户银行申请承兑
付款人签发	由付款人签发的商业承兑汇票，由付款人承兑	由付款人持汇票和购销合同向其开户银行申请承兑
承兑方法	同城承兑时，应于汇票到期日送交开户银行办理；异地承兑时，在到期日前 5 日内送交开户银行办理	在银行承兑汇票到期时，将银行承兑汇票、解讫通知和进账单等送交开户银行办理转账
账户余额不足	其开户银行应将商业承兑汇票退给收款人由其自行处理；同时银行对付款人按票面金额处以 5% 但不低于 50 元的罚款	到期日未能足额交存票款时，承兑银行向收款人无条件付款并对承兑申请人执行尚未扣回的承兑金额每天按 0.5‰ 计收罚息

在上表中，出票人、付款人和承兑等都属于汇票的一些专业术语，下面将对常用的一些专业术语介绍，如表 3-8 所示。

表 3-8　汇票的专业术语

术语	说明
拒付	拒付一般指持票人将手中的汇票要求承兑时，遭到公司或银行拒绝付款的行为
追索	追索权指当持票人的汇票遭到拒付后，有权向该票据的背书人和出票人索回相应款项的权利
贴现	贴现一般指公司手中的汇票尚未到期，但急需资金时，向银行申请承兑，此时银行或贴现公司会从票面金额中扣减一定贴现利息后将余款付给持票人的行为
付款	付款是指按汇票要求支付相应的票面金额的行为

术语	说明
承兑	承兑表示的是公司的一种付款承诺，一般会在汇票上注明"承兑"字样，注明承兑日期，并由付款人签字，交还持票人
提示	提示一般指持票人将手中的汇票向付款人呈现，要求付款的行为
出票	出票是汇票的最初来源，一般指公司或银行在对外出示的汇票上填写付款人、付款金额、付款日期和地点等信息并签字交给受票人的行为
背书	背书是一种票据的转让的行为，当背书转让时需要记载一定的事项

一般在公司的日常经营中，常会设置应付票据备查簿，在上面详细地登记汇票种类、序号、出票日期、到期日、票面金额、收款单位、付款金额和付款日期等，具体如表 3-9 所示。

表 3-9　应付票据备查簿

序号	对方单位	银行承兑汇票号码	票面金额	出票日期	到期日
1	宏兴实业	GA/01 00192985	10 000.00	2015/3/1	2015/9/1
2	威尔××科技有限公司	GA/01 00192986	15 000.00	2015/4/1	2015/10/1
3	法马科技有限公司	GA/01 00192987	20 000.00	2015/5/1	2015/10/1
4	恒兴××商贸有限公司	GA/01 00229301	30 000.00	2015/3/1	2015/9/1
5	红豪××商贸有限公司	GA/01 00229302	50 000.00	2015/4/1	2015/10/1
6	泰士特××商贸公司	GA/01 00229303	80 000.00	2015/5/1	2015/10/1
7	金安达××有限公司	GA/01 00329755	10 000.00	2015/3/1	2015/9/1
8	泰兴元××有限公司	GA/01 00329756	25 000.00	2015/4/1	2015/10/1

应付票据的账务处理

在公司的应付票据中，根据是否带息可以分为带息票据和不带息票据，前者指票据的票面金额就是到期的本金，而后者指在对方公司承兑前，承兑人需要支付相应的利息。

无论哪一种票据都会从两个方面进行账务处理，即应付票据的开出和承兑，下面通过一个案例来进行简单的介绍。

A 公司为一般纳税人，在 2015 年 5 月 12 日，向 B 公司购买了一台机器设备，在增值税的发票上注明价款为 8 万元，增值税为 1.26 万元，A 公司通过一张票面金额为 10 万元，期限为 3 个月的不计利息的银行承兑汇票支付相应的价款，并向银行支付手续费 100 元。A 公司的财务人员据此做了如下的账务处理。

第一，需要计算公司向银行支付的汇票兑换时的手续费，该手续费计入资产负债表中的"财务费用"科目，贷方余额表示公司缴纳的各种利息等，借方余额表示公司与此相关的费用的增加，一般在月末会进行相应的成本结转，所以一般该账户是无余额的。在上例中，手续费的账务处理如下所示。

借：财务费用　　　　　　　　　　　　　100

　　贷：银行存款　　　　　　　　　　　　100

第二，将该设备验收入库后转入公司的固定资产，具体账务处理如下。

借：固定资产　　　　　　　　　　　80 000

应交税费——应交增值税（进项税）　12 600

　　贷：应付票据　　　　　　　　　　92 600

根据以上的会计分录，可以先填制相应的凭证进行入账，在这里分别需要填制两张凭证，即与手续费支付相关的付款凭证和与设备验收入库有关的转账凭证，具体如图 3-31 所示。

在图 3-31 中，我们需要将该业务的摘要、会计科目、科目编码和借贷方金额等都填入相应的表格中，并且要保证借贷方总额相等。

付款凭证						
2015 年 5 月 12 日					编号：0035	
序号	摘要	会计科目	科目代码	借方金额	贷方金额	附件3张
1	支付手续费	财务费用	5503	100.00		
2		银行存款	1002		100.00	
			合计：	100.00	100.00	
记账		出纳	制单	审核		

图 3-31　支付手续费时需要填写的凭证

如果发生的业务与现金和银行存款无关，我们在选择凭证时一般都会选择转账凭证，填写规则和上述相同，只是借贷方会依据会计科目、科目代码、借贷方余额等存在一定的差异，而当公司通过应付票据支付设备价款时，就需要填写相应的转账凭证，具体如图 3-32 所示。

转账凭证						
2015 年 5 月 12 日					编号：0036	
序号	摘要	会计科目	科目代码	借方金额	贷方金额	附件3张
1	支付货款	固定资产	2153	80 000.00		
2		应交税费——应交增值税（进项税）	21710105	12 600.00		
		应付票据	2111		92 600.00	
			合计：	92 600.00	92 600.00	
记账		出纳	制单	审核		

图 3-32　支付货款时需要填写的凭证

上例所示为在票据兑换前所做的会计分录，如果在 3 个月后，对方公司到银行去进行票据的兑换，那么 A 公司就需要通知它的开户银行进行付款，此时公司还需要做如下的会计分录。

借：应付票据　　　　　　　　　　　　　92 600

贷：银行存款　　　　　　　　　　　　　926 00

如果公司在 3 个月后，公司在银行基本账户中的余额无法支付该笔货款，而公司因一些原因不能补齐，此时公司就需要做出如下的账务记录。

借：应付票据　　　　　　　　　　　　　92 600

贷：短期存款　　　　　　　　　　　　　　92 600

此时银行会无条件支付对方公司相应的货款，但是会对公司余额外的欠款每天按 0.5‰ 计收罚息，所以公司应尽早将欠款补齐，否则将会给公司增加额外的支出。

带利息的应付票据账务如何处理

在对应付票据的处理中，除了对不带利息的应付票据账务做出处理，在公司的实际经营中，还会存在带利息的应付票据的账务处理，前者主要从业务的发生、偿还和转销等方面进行账务处理，那么对于后者，账务处理又存在哪些不同呢？看下面一个例子。

A 公司在 2015 年 2 月 10 日，向 B 公司开出一张金额为 20 万元的商业承兑汇票，用来支付在 6 月购买机器设备的应付账款，该票据的票面利率为 5%，期限为 6 个月。

根据这一经济业务，公司做了如下的账务处理。

首先，需要冲销上个月的应付账款。

借：应付账款　　　　　　　　　　　　　200 000

　贷：应付票据　　　　　　　　　　　　200 000

其次，计算该商业票据上的应计利息，应计利息 =200 000×5%=10 000 元，该应计利息应计入会计科目财务费用中，具体如下。

借：财务费用　　　　　　　　　　　　　 10 000

　贷：应付票据　　　　　　　　　　　　 10 000

在 6 个月后，即在 2015 年 8 月 10 日，公司通过银行存款来支付该票据的票面金额和相应的利息，那么此时需要偿还的金额 = 票面金额＋总利息＝200 000+200 000×5%/12×6＝205 000元，此时就需要做出账务处理如下。

借：应付票据　　　　　　　　　　205 000

贷：银行存款　　　　　　　　　　　205 000

如果此时公司无法支付票面金额，那么就需要将该笔贷款计入应付账款，并做如下的账务处理。

借：应付票据　　　　　　　　　　205 000

贷：应付账款　　　　　　　　　　　205 000

财务人员在做出如上的会计分录后，需要填写一定的凭证，以到期支付本利息为例，则需要填写如图3-33所示的付款凭证。

付款凭证						
2015年8月10日				编号：0035		附件3张
序号	摘要	会计科目	科目代码	借方金额	贷方金额	
1	支付本利息	应付票据	2111	205 000.00		
2		银行存款	1002		205 000.00	
			合计：	205 000.00	205 000.00	
记账		出纳	制单	审核		

图3-33　偿还应付票据本利息时需要填写的凭证

综上所述就完成了带利息的应付票据的账务处理过程，和不带利息的应付票据一样从发生、偿还和转销几个阶段进行，不同的是在到期之前，需要计提相关的利息，在偿还中需要支付计提的利息。

chapter

04

赚钱还是亏本，解读利润表

了解利润表中的常用项目

对于创业初期的公司，利润是维持公司继续经营的动力，如果公司一开始就出现亏损，创业者就要考虑是否继续经营的问题了。那么，新公司的老板如何快速了解公司是盈利还是亏损呢？最直接的方法就是看利润表的数据。

销售收入：主要的公司收入

要想计算利润，关键在于收入方面，对于以销售产品为主的新公司而言，主要业务都会涉及销售收入，当公司的销售收入经过确认，并符合会计的准则，就会计入公司的主营业务收入中。下面来认识什么是销售收入及与它相关的账务该如何处理。

简单认识销售收入

销售收入是指公司销售商品所得的收入，但并不是所有的销售收入都能登记入账，它需要满足一定条件，具体如下。

- ◆ 公司的商品所有权转移：当公司因销售商品获得一定的销售收入后，公司已经将商品的主要风险和报酬转移给了购货方，就可以确认该项销售收入为主营业务收入中的一部分。

- ◆ 公司对所售商品的管理权：当公司已经对相关商品售出，并获得一定的销售收入，那么公司对于商品的继续管理权就已经不存在。

- ◆ 相关的经济利益：在销售商品后，对于销售款收回的可能性要在50%以上，如果该笔收款不能收回，就不能确认为公司的收入。

- ◆ 收入金额可计量：当公司销售相关商品后，对于该商品的售价能够准确的计量，并以货币表示，才能确认为收入。

◆ 相关成本：当公司已经对相关的销售收入进行确认以后，那么在同样的会计期间，需要计算出相关的成本，如果是在公司内部的销售，产品则需要计算基本的生产成本；如果是外购的商品用于销售，就要计算购买时的相关成本。

当公司的销售商品的收入满足如上条件后，就可以确认为公司的主营业务收入，对其进行账务处理。

销售收入如何登账

公司在销售商品获得销售收入后，而且该销售收入已经确认为公司收入，就应该将该笔收入登记在利润表中的主营业务收入中，同时需要结转相关成本，下面举例说明。

A 公司向 B 公司销售一批产品，并且在增值税的发票上注明该批产品的售价为 50 万元，增值税为 8.5 万元。

在发货后一个月，B 公司向 A 公司送来了一张不计利息的银行承兑汇票，票面金额为 58.5 万元，期限为 3 个月，该批产品的生产成本为 40 万元，并且产品已在运送途中，支付运输费 1 000 元，通过库存现金支付。

在该业务发生后，A 公司的财务人员做了如下的账务处理。

借：应收票据   585 000

  应收账款   1 000

 贷：主营业务收入   500 000

   应交税费——应交增值税（销项税） 85 000

   库存现金   1 000

同时，公司还结转了相关成本，由上可知公司的成本为 40 万元，

> 财务人员可做如下的会计分录。
>
> 借：主营业务无成本 400 000
>
> 贷：库存商品 400 000

根据上述的会计分录，需要填写会计凭证，从而为资产负债表的填写打下基础，第一张需要填写计算公司成本时的凭证，如图4-1所示。

转账凭证					
2015年5月10日				编号：0030	
序号	摘要	会计科目	科目代码	借方金额	贷方金额
1	计算成本	主营业务成本	6401	400 000.00	
2		库存商品	1406		400 000.00
			合计：	400 000.00	400 000.00
记账		出纳	制单	审核	

图 4-1 计算成本时填写的凭证

该凭证主要反映的是当公司销售产品后，库存商品减少，同时需要对减少的库存商品做一定的成本结转，在上图中减少的库存商品成本为40万元，那么公司就需要对销售收入的这40万元的产品做一定的成本结转。

对于公司来说，在销售产品后，接下来就是对于产品货款的收回，当账款还未收回时，财务人员一般确认为应收账款，如果收回这些应收账款，就需要对应收账款进行相应的结转，同时销售收入符合收入确认条件，确认为主营业务收入，所做凭证如图4-2所示。

转账凭证					
2015年5月10日				编号：0058	
序号	摘要	会计科目	科目代码	借方金额	贷方金额
1	收到支票	应收票据	1121	585 000.00	
2		应收账款	1122	1 000.00	
		主营业务收入	6001		500 000.00
		应交税费——应交增值税（销项税）	21710105		85 000.00
		库存现金	1001		1 000.00
			合计：	58 600.00	58 600.00
记账		出纳	制单	审核	

图 4-2 销售产品后填写的凭证

带折扣销售的收入如何进行账务处理

对于公司来说，在对长期的合作伙伴出售产品时，一般都会给予一定的销售折扣，那么，对于这种情况，账务该如何进行呢？举例说明如下。

A 公司和 B 公司是两家长期合作的公司，一般 A 公司会将生产的商品销售给 B 公司，由于合作多年，所以在价格上，与一些新客户相比，给予了 B 公司一定的价格折扣。

在 2015 年 4 月 10 日，A 公司的一批新产品销售到 B 公司，该批产品的成本为 3 万元，销售价格为 3.5 万元，增值税为 5 950 元，A 公司给予 B 公司 10% 的价格折扣，B 公司按照折扣后的价格，在 2015 年 4 月 15 日，通过银行存款进行了付款。

在该项业务发生后，A 公司的财务人员针对该业务做了如下的账务处理。首先，计算该批产品的实际销售价格，实际销售价格＝原有的销售价格 × 扣除折扣率后的销售率＝35 000×（1-10%）=31 500（元），实际增值税 = 原有的增值税 × 扣除折扣率后的销售率 =5 950×（1-10%）=5 355（元）。

其次，发出商品后，库存商品减少，需结转成本。我们知道该商品的成本为 3 万元，应做的会计分录如下。

借：发出商品   30 000

    贷：库存商品   30 000

借：主营业务成本   30 000

    贷：发出商品   30 000

然后，A 公司收到 B 公司支付的折扣后的销售价款，此时需要做如下的会计分录，将实际的销售收入确认为公司的主营业务收入，那么，A 公司需要做出的会计分录如下所示。

借：银行存款   36 855

　　贷：主营业务收入　　　　　　　　　　　　　5 355

　　　应交税费——应交增值税（销项税）　　　　5 300

　　根据如上会计分录填写相应的会计凭证，对发出的商品进行成本的结转，其中需将商品计入发出商品的会计科目，由前面案例可知，该批商品的成本为 3 万元，具体填写如图 4-3 所示。

转账凭证

2015 年 4 月 10 日　　　　　　　　　　　　　编号：0065

序号	摘要	科目代码	会计科目	借方金额	贷方金额	
1	发出商品	6401	主营业务成本	30 000.00		附件 3 张
2		1407	发出商品		30 000.00	
	合计：			30 000.00	30 000.00	
记账	制单		出纳		审核	

图 4-3　结转成本后凭证的填写

　　当公司收到对方公司的转款时，就意味着公司的银行存款增加，就需要在银行存款科目的借方登记相应的金额 3.685 5 万元，具体填写如图 4-4 所示。

转账凭证

2015 年 4 月 15 日　　　　　　　　　　　　　编号：0065

序号	摘要	科目代码	会计科目	借方金额	贷方金额	
1	收到账款	1002	银行存款	36 855.00		附件 3 张
2		6001	主营业务收入		31 500.00	
		21710105	应交税费——应交增值税（销项税）		5 355.00	
			合计：	36 855.00	36 800.00	
记账	制单		出纳		审核	

图 4-4　销售产品后填写的凭证

 # 劳务收入：公司对外服务

　　如今电子商务发展迅速，很多创业者将快递业务作为创业项目，对于这类由劳务为主所得的收入，在财务处理中被称作劳务收入，那么对于公司的劳务收入，该如何处理账务呢？

劳务收入的确认

和销售收入一样，劳务收入在期末时，也将在资产负债表中进行反映，计入该表中的主营业务收入，因此，对于劳务收入，同样需要进行收入的确认，那么劳务收入确认为收入又需要满足哪些条件呢？

◆ 收入金额可靠计量：对外提供劳务所形成的劳务收入要能够准确的计量，能以一定的货币表示，才能确认为收入。同时确定的该劳务收入是一种收入的总额，公司可根据提供劳务的变化，不断调整收入的总额。

◆ 交易的完工程度能够可靠计量：指已经完成的工作量或完工的工作量占总工作量的比例或已经发生的成本与总成本的比例能够可靠的计量。

◆ 相关的经济利益流入公司：指总额收回的可能性要在 50% 以上，即收回的可能性大于不能收回的可能性。

◆ 交易中，交易成本能够可靠的计量：公司对外提供劳务的总成本，包括已经发生的或即将发生的相关成本，都能够实现可靠的计量，并根据劳务的变化进行相应的调整。

当公司发生的劳务收入及与其相关的劳务成本能够满足如上的条件后，才能将其确认为公司的收入，才能在资产负债表中，登入主营业务收入中，而相关的成本记为主营业务成本。

简单对劳务收入进行账务处理

对于劳务收入的账务处理和销售收入不同，销售收入的账务处理一般发生在商品销售后，而劳务收入的账务处理，则分为两大类，一是对于劳务收入中劳务的提供，是在同一会计期间发生并完成。如某房产公司对于房产的兴建，在年初开始，年末完成；二是劳务的开始和完成在不同的会计期间，如该房产公司在年初开始兴建工程，而在第二年年末才完成相应的过程。

对于如上两大类的账务在处理时存在一定区别的，举例进行说明如下。

> A公司是一家装修公司，在2015年5月10日，B公司与A公司签订了一份合同，A公司承包B公司的一项装修工程，合同上表明，价款为5万元，B公司通过银行存款支付定金1万元，剩余款项在装修完成后再支付，A公司初步估计发生的总成本为3.5万元。
>
> 在3个月后，A公司完成了装修，总成本为3万元，A公司的财务人员，根据以上发生的业务做了如下的会计分录。
>
> 第一，在装修完成前，做出会计分录如下。
>
> 借：银行存款　　　　　　　　　　　10 000
>
> 　　应收账款　　　　　　　　　　　40 000
>
> 　　贷：主营业务收入　　　　　　　　50 000
>
> 借：主营业务成本　　　　　　　　　35 000
>
> 　　贷：劳务成本　　　　　　　　　　35 000
>
> 第二，在装修完成后，需要做出会计分录如下。
>
> 借：银行存款　　　　　　　　　　　40 000
>
> 　　贷：应收账款　　　　　　　　　　40 000
>
> 借：劳务成本　　　　　　　　　　　5 000
>
> 　　贷：银行存款　　　　　　　　　　5 000
>
> 首先填制的凭证是A公司和B公司在合同已生效，B公司向A公司支付相应的定金后，那么此时就可以根据合同上的价款确定该劳务收入为5万元，并计入主营业务收入科目中，此时的1万元定

金应计入公司的银行存款中，而剩余的 4 万元，计入应收账款的借方科目中，借贷方的金额要保持平衡，都为 5 万元，如图 4-5 所示。

转账凭证						
2015 年 5 月 10 日					编号：0077	附件3张
序号	摘要	科目代码	会计科目	借方金额	贷方金额	
1	接受劳务	1002	银行存款	10 000.00		
2		1122	应收账款	40 000.00		
		6001	主营业务收入		50 000.00	
	合计：			50 000.00	50 000.00	
记账	制单		出纳	审核		

图 4-5　接受劳务后凭证的填写

同时，在公司对收入进行确认时，要对该批劳务成本进行相应的计量，才能符合收入的条件，如上例所示，该批成本的初步估计为 3.5 万元，那么此时就可以在贷方记录劳务成本为 3.5 万元，同时结转到相应的主营业务成本，如图 4-6 所示。

转账凭证						
2015 年 5 月 10 日					编号：0065	附件3张
序号	摘要	科目代码	会计科目	借方金额	贷方金额	
1	预估成本	6401	主营业务成本	35 000.00		
2		5201	劳务成本		35 000.00	
			合计：	35 000.00	35 000.00	
记账	制单		出纳	审核		

图 4-6　结转成本后填写的凭证

当 A 公司在 3 个月后，完成相应的装修工程后，那么 B 公司会向 A 公司支付剩余的款项，根据合同说明总价款为 5 万元，已经支付定金 1 万元，那么就需要支付剩余价款 4 万元，此时财务人员就需要冲销 3 个月前计入应收账款的 4 万元，同时转入公司的银行存款账户。

此时需要在凭证的借方科目中填写银行存款，借方金额为 4 万元，在贷方科目中，填写会计科目为应收账款，贷方余额为 4 万元，借贷方金额总额相等，具体填写如图 4-7 所示。

转账凭证					
2015 年 8 月 10 日				编号：0065	
序号	摘要	科目代码	会计科目	借方金额	贷方金额
1	收到剩余货款	1002	银行存款	40 000.00	
2		1122	应收账款		40 000.00
			合计：	40 000.00	40 000.00
记账	制单		出纳	审核	

图 4-7　收到货款后填写的凭证

在支付货款时，同样需要注意，装修期末，A 公司花费的实际成本为 3 万元，而在期初预估入账时为 3.5 万元，就意味着多估计了 5 000 元，此时就需要对早期多计入凭证的成本进行冲销，如图 4-8 所示。

转账凭证					
2015 年 8 月 10 日				编号：0065	
序号	摘要	科目代码	会计科目	借方金额	贷方金额
1	冲销多余成本	5201	劳务成本	5 000.00	
2		1002	银行存款		5 000.00
			合计：	5 000.00	5 000.00
记账	制单		出纳	审核	

图 4-8　冲销成本后填写的凭证

不同阶段的劳务收入如何处理

对于一些公司来说，劳务从开始到完成，可能会跨越一个会计期间，即可能今年开始的劳务，明年才会完工。对于这样的劳务该如何进行账务处理呢？

A 公司是成立多年的一家教育培训机构，在 2015 年 9 月 10 日，与 B 公司签订了一份合同，为 B 公司的 60 名学员分批进行礼仪等相关方面的培训，培训期为 6 个月，培训的总费用为 10 万元，分为三期进行培训，每一期为 2 个月，每期学员为 20 人，费用按期支付，培训日期从 2015 年 10 月 10 日开始。

在 2015 年 10 月 10 日，B 公司支付了第一期培训费用 4 万元，而在同年的 12 月 10 日，第一期培训结束时，A 公司发给培训老师的工资为 5 万元，而在 2016 年 1 月 10 日，B 公司因内部重整，未能支付相应的培训费用，对于 A 公司来说，后两期的培训费用能否收回还不能确定。

此时 A 公司的财务人员就需要做如下的账务处理。

第一，在 2015 年 10 月 10 日，B 公司支付第一期培训费，财务人员需要编制相应的会计分录如下。

借：银行存款   40 000

  贷：预收账款   40 000

第二，在 2015 年 12 月 10 日，完成第一期培训后，结转相关的培训成本。

借：劳务成本   50 000

  贷：应付职工薪酬   50 000

第三，将第一期的费用确认为收入，计入公司的主营业务收入中，同时结转主营业务成本，那么此时就需要做出如下的会计分录。

借：预收账款   40 000

  贷：主营业务收入   40 000

借：主营业务成本   50 000

  贷：劳务成本   50 000

此时，根据如上的分录则可填写相关的凭证。当 A 公司收到 B 公司第一期的培训费用时，就意味着 A 公司的银行存款增加，此时就需要在银行存款的科目中的借方登记增加的金额。

同时，对于第一期收到培训费用 4 万元，可以将该金额 4 万元计入公司的预收账款贷方金额中，表示公司预收到的相关价款，其他事项的填写如图 4-9 所示。

转账凭证						
2015 年 10 月 10 日					编号：0040	附件3张
序号	摘要	科目代码	会计科目	借方金额	贷方金额	
1	收到第一期培训费	1002	银行存款	40 000.00		
2		2205	预收账款		40 000.00	
			合计：	40 000.00	40 000.00	
记账	制单		出纳	审核		

图 4-9　收到第一期培训费用后填写的凭证

对于 A 公司来说，在培训结束后，同样需要结转成本，如图 4-10 所示。

转账凭证						
2015 年 12 月 10 日					编号：0041	附件3张
序号	摘要	科目代码	会计科目	借方金额	贷方金额	
1	结转相关成本	5201	劳务成本	50 000.00		
2		2211	应付职工薪酬		50 000.00	
			合计：	50 000.00	50 000.00	
记账	制单		出纳	审核		

图 4-10　结转相关成本后填写的凭证

对于公司的第一期培训费用，在成本确定的情况下，可以确认为公司的一种收入，由于 A 公司为一家教育培训机构，那么公司的主要收入是劳务收入，因此，可以将第一期的劳务培训收入确认为主营业务收入，对该收入进行记录，此时就需要对于期初的预收账款进行冲销，具体填写如图 4-11 所示。

转账凭证						
2015 年 12 月 10 日					编号：0065	附件3张
序号	摘要	科目代码	会计科目	借方金额	贷方金额	
1	冲销多余成本	5201	劳务成本	10 000.00		
2		1002	银行存款		10 000.00	
			合计：	10 000.00	10 000.00	
记账	制单		出纳	审核		

图 4-11　培训完成后确认收入填写的凭证

当培训完成，对于实际的总成本进行计算后，劳务收入已经确认为收入的前提下，如同商品销售一样，同样需要对该收入的成本进行确认，在上例中，我们知道，第一期培训完成后，实际总成本为 5 万元，此时就可以将该 5 万元计入劳务成本的贷方金额中，同时对劳务成本进行结转，转入与主营业务相对应的主营业务成本中，如图 4-12 所示。

转账凭证						
2015 年 12 月 10 日					编号：0066	
序号	摘要	科目代码	会计科目	借方金额	贷方金额	附件 3 张
1	确认成本	6401	主营业务成本	50 000.00		
2		5201	劳务成本		50 000.00	
			合计：	50 000.00	50 000.00	
记账	制单		出纳		审核	

图 4-12　确认相关成本后填写的凭证

生产成本：公司最基本的消费

成本控制对新公司而言非常重要，如果有不合理的预算和控制成本，公司将很难实现最大利润，难以确保公司的正常运营。那么对于新公司来说，成本该如何计算呢？本节就从公司最基本的成本——生产成本入手，讲解公司的相关成本。

生产成本与费用的比较

作为公司成本中最基本的生产成本，它指公司在产品的生产期间，所花费的直接费用和间接费用，生产成本是公司的一种费用，却不仅仅是一种费用，应注意区分生产成本和费用之间的差别，具体比较如下。

◆ 计算对象：公司的生产成本是针对为生成某一类产品所产生的费用，相对于费用来说它核算得更具体，而费用的计算对象则更广泛。

◆ 关联对象：一公司的生产成本和具体产品不能脱离，而费用则与
会计计算期间相关联。

◆ 确认期间：公司当期的成本不一定完全能确认为当期的费用，只
有在收入确定，对相关的成本进行结转后，才能确定为当期费用，
而费用一般指当期费用。

◆ 存在的形态：以生产成本来说，产品在销售完成之前，作为公司
的资产存在于公司，只有当销售收入确定后，才能结转为费用。

上述内容显示了两者的不同，其实在公司中，生产成本与费用是具有
一定联系的，两者相互转化，公司在固定期间发生的直接生产费用，可直
接转化为成本，而因生产所发生的间接费用则需要先明确成本的计算对象，
将相应的费用与对象相对应，才能转化为成本。

生产成本的核算

作为公司最基本的生产成本，它包括直接材料、直接人工和制造费用
等，在资产负债表中，一般会设置有生产成本账户和制造费用账户科目，
在生产成本的明细账户中，则包括基本生产成本和辅助生产成本两个账户，
下面简单地介绍基本生产成本的核算。

在公司的基本生产成本中，一般包括材料费和人工费，材料费就是生
产产品所花费的基本物资资料的价值，而人工费表现为生产工人的工资，
对于工资的核算前面已有详细讲解，这里主要讲解材料费。

在公司中，一般会将本月所发生的全部的领料单、限额领料单、和退
料单等根据产品的用途编制出发出材料汇总表，并据此登记成本的有关明
细账，如图 4-13 所示的材料领用单，领用部门为一车间，领用与产品有
关的物品，分别为明细账本、包装箱和记号笔，领用数量分别为 100 本、
20 个、5 支。

材料领用单																	
日期：	2015 年 8 月 30 日				编号：	00000001											
领料单位：	一车间				发料仓库：	材料仓库											
用途：	包装产成品																
材料名称	单位	单价	数量		金额										第二联：会计部门
			请领	实领	十	万	千	百	十	元	角	分		
明细账	本	¥150	100	100	¥	1	5	0	0	0	0	0	
包装箱	个	¥30	20	20			¥	6	0	0	0	0	
记号笔	支	¥15	5	5				¥	7	5	0	0	
				合计	¥	1	5	6	7	5	0	0	
仓库主管：王×	领料主管：杨×				发料人：唐××				领料人：章××					

图 4-13　材料领用单

此外，除了领用与产品生产相关的产品以外，一般公司在生成过程中还需要领用相关的原材料，如图 4-14 所示为一车间在生产过程中，从一仓库领用了产品的原料——A 材料，其中规定限额数量为 2 000 千克，单价为 5 元，其中在 8 月 2 日领用该材料 1 000 千克，在 8 月 15 日领用 300 千克。

限额领料单												
领料部门：一车间			发料仓库：一仓库				编号：0000005					
用途：产品原料			时间：2015 年08月30日									
材料编号	材料名称	规格	计量单位	领用限额	单价			实际领用				
								数量		金额		
1201	A材料	××	千克	2000	¥ 5.00							
领料日期	请领		实发		退库							限额结余
	请领数量	领料负责人	实发数量	领料人	发料人	退库数量	退料人	收料人				
8月2日	1 000		1 000									1 000
8月15日	300		300									700
合计			2000									0
供应部门负责人：章××			生产部门负责人：李××				仓库管理 刘××					

图 4-14　一车间的限额领用单

对于如上的限额领料单，如果一仓库中的 A 材料在二车间在生产中也需要，可以填写限额领料单，领用剩余的限额领用材料，由上可知，剩余的可领用的材料为 700 千克，二车之间可选择分批次领取，如图 4-15 所示。

图 4-15　二车间的限额领用单

当公司的财务人员已经了解了全部领料单和限额单的情况，在退料单没有发生的前提下，财务人员就可以考虑编制相应的发出材料汇总表，从而登记入账，具体如图 4-16 所示。

发出材料汇总表					
2015 年 8 月 30 日					单位：元
会计科目	领用单位及用途		原材料	低值易耗品	合计
生产成本	一车间	甲产品	5 000	300	5 300
		乙产品	1 500	300	1 800
	二车间	甲产品	1 000		1 000
		乙产品	2 500		2 500
	合计		10 000	600	10 600
制造费用	一车间		9 000	50	9 050
	二车间		6 000	25	6 025
	合计		15 000	75	15 075

图 4-16　发出材料汇总表

根据如上的发出材料汇总表，那么可以编制相应的会计分录如下。

借：生产成本——基本生产成本——甲产品　　　　　　6 000

　　　　　　——基本生产成本——乙产品　　　　　　4 000

　　制造费用　　　　　　　　　　　　　　　　　　15 000

贷：原材料　　　　　　　　　　　　　　　　　　　25 000

此外，对于公司额外的成本，如包装物、记号笔和明细账本等，还需要做出如下的会计分录。

借：制造费用　　　　　　　　　　　　　75

　　生产成本——辅助生产成本　　　　　600

　　贷：低值易耗品　　　　　　　　　　　　　675

做了如上的会计分录，财务人员就需要将该明细登记入账，做到及时入账，同时也是为了保障将来在制作资产负债表时的数据的准确性。

首先，当领用 A 材料作为甲、乙产品的生产原料时，根据相关的数据及分录填制转账凭证，其中在摘要栏填写为领用材料，并分别将甲产品和乙产品的基本生产费用登入该凭证，金额分别为 6 000 元和 4 000 元，同时还需要登记制造费用为 1.5 万元，最后在贷方登记库存减少的原材料为 2.5 万元，具体如图 4-17 所示。

转账凭证					
2015 年 8 月 30 日				编号：0035	
序号	摘要	科目代码	会计科目	借方金额	贷方金额
1	领用材料	41010101	生产成本—基本生产成本—甲产品	6 000.00	
2		41010102	生产成本—基本生产成本—乙产品	4 000.00	
		4105	制造费用	15 000.00	
		1211	原材料		25 000.00
			合计：	25 000.00	25 000.00
记账　　制单			出纳	审核	

图 4-17　领用原材料后需要填写的凭证

对于两车间领用的低值易耗品，同样需要填写相应的凭证，在借方填写制造费用 75 元，辅助生产成本 600 元，在贷方填写低值易耗品 675 元，如图 4-18 所示。

转账凭证					
2015 年 8 月 30 日				编号：0036	
序号	摘要	科目代码	会计科目	借方金额	贷方金额
1	领用低值易耗品	4105	制造费用	75.00	
2		410102	生产成本—辅助生产成本	600.00	
		1231	低值易耗品		675.00
			合计：	675.00	675.00
记账　　制单			出纳	审核	

图 4-18　领用杂物后填写的凭证

完工产品和在产品的成本计算

完工产品是指公司的生产告一段落，已经验收入库，可对外销售的产品，而在产品则指现在还未完工的产品，对于公司来说，完工产品和在产品都需要进行成本计算，那么两者的计算存在哪些不同呢？看下面的例子。

A公司的甲产品在8月份完工数量为1 000个，在产品为500个，完工程度为50%，在期初时，生产车间一次性领用原材料，在月初，在产品与本月使用的原材料成本为10万元，，直接人工费为6万元，制造费用为8万元。

财务人员根据如上信息，计算以下三大成本。

首先，计算出完工产品和在产品的直接材料成本。

完工产品的直接材料成本＝原材料成本／产品总和×完工数量＝100 000/（1 000+500）×1 000=66 666.67（元）；在产品的直接材料成本＝原材料成本／产品总和×在产品数量＝100 000/（1 000+500）×500=33 333.33（元）。

其次，需要计算完成产品和在产品的直接人工，因为该公司本月在产品的完工进度为50%，对于在产品来说，需要折合产量为500×50%=250（个）。

完工产品的直接人工成本＝直接人工总成本／产品总和×完工数量＝60 000/（1 000+250）×1 000=48 000（元）。

在产品的直接人工成本＝直接人工总成本／产品总和×在产品数量＝60 000/（1 000+250）×250=12 000（元）。

最后，计算本月的制造费用，完工产品的制造费用＝直接人工总成本／产品总和×完工数量＝80 000/（1 000+250）×1 000=64 000（元）；在产品的制造费用＝直接人工总成本／产品总和×在产品数量＝80 000/（1 000+250）×250=16 000（元）。

根据以上的计算结果，接下来就需要计算本月的完工成本和在产品成本，具体如下。

根据公式总成本＝直接材料＋直接人工＋制造费用，那么可得到本月完工产品的总成本为 =66 666.67+48 000+64 000= 178 666.67（元）。

本月的在产品的成本 =33 333.33+12 000+16 000=61 333.33（元）。

同时可以编制相应的产品成本汇总表，如表 4-1 所示。

表 4-1　产品成本汇总表

成本项目	完工成本（1 000 个）		在产品成本（500 个）		合计
	总成本	单位成本	总成本	单位成本	
直接材料	66 666.67	66.67	33 333.33	66.67	100 000.00
直接人工	48 000.00	48.00	12 000.00	24.00	60 000.00
制造费用	64 000.00	64.00	16 000.00	32.00	80 000.00
合计	178 666.67	178.67	61 333.33	122.67	240 000.00

如上表所示，将完工的产品进行入库时，该完工产品就成为库存商品，此时就需要做如下的账务处理。

借：库存商品　　　　　　　　　　　178 666.67

　　贷：生产成本——基本生产成本　　　178 666.67

同时按照该会计分录填制如图 4-19 所示的会计凭证。

转账凭证					
2015 年 8 月 30 日				编号：0035	
序号	摘要	科目代码	会计科目	借方金额	贷方金额
1	领用材料	1243	库存商品	178 666.67	
2		41010101	生产成本—基本生产成本		178 666.67
			合计	178 666.67	178 666.67
记账	制单		出纳	审核	

图 4-19　转为库存商品后需要填写的凭证

主营业务成本：要谈利润先谈成本

主营业务收入是公司的主要收入来源，但是，公司要谈主营业务收入，首先需要了解主营业务成本。通常，在主营业务收入确定后，账务处理时需要结转相应的主营业务成本。在公司的实际经营中，主营业务成本是如何计算的呢？

简单认识主营业务成本

主营业务成本是指公司对外销售产品或提供劳务等活动，而需要支付的成本，一般会在月末对销售的商品或劳务的成本结转入主营业务成本，而主营业务成本在期末是没有余额的，它的余额一般都会结转到"本年利润"的科目中，下面以案例进行说明。

> A公司在2015年3月10日向B公司销售了一批甲产品，甲产品的实际成本为9万元，A公司向B公司开出增值税发票，发票上的金额为15万元，增值税为2.55万元，在3月15日，B公司通过汇票，支付了相应的款项，A公司的财务人员，据此做了如下的账务处理。
>
> 首先，在2015年3月15日收到对方公司的汇票，此时会计分录如下。
>
> 借：应收票据　　　　　　　　　　　　　　175 500
> 　贷：主营业务收入　　　　　　　　　　　150 000
> 　　　应交税费——应交增值税（销项税）　 25 500
>
> 在销售收入确定后，结转相应的成本如下。
>
> 借：主营业务成本　　　　　　　　　　　　 90 000
> 　贷：库存商品　　　　　　　　　　　　　 90 000

根据以上不同的经济业务，那么就需要填制 2 张转账凭证，首先将销售收入计入主营业务收入的凭证，具体如图 4-20 所示。

转账凭证

2015 年 3 月 15 日					编号：0035	
序号	摘要	科目代码	会计科目	借方金额	贷方金额	
1	收到销售收入	1111	应收票据	175 500.00		附件 3 张
2		5101	主营业务收入		150 000.00	
		21710105	应交税费——应交增值税（销项税）		25 500.00	
			合计：	175 500.00	175 500.00	
记账	制单		出纳		审核	

图 4-20　收到汇票后需要填写的凭证

当收入确定后，就需要将相关的成本转入主营业务成本中，同时将减少的库存商品表示出来，减少的库存商品的实际成本为 9 万元，计入主营业务成本中，并且借贷方的金额都为 9 万元，具体填写如图 4-21 所示。

转账凭证

2015 年 3 月 15 日					编号：0035	
序号	摘要	科目代码	会计科目	借方金额	贷方金额	
1	结转相应的成本	6401	主营业务成本	90 000.00		附件 3 张
2		1406	库存商品		90 000.00	
			合计：	90 000.00	90 000.00	
记账	制单		出纳		审核	

图 4-21　结转主营业务成本后需要填写的凭证

最后，在期末时，需要将主营业务成本的余额结转入本年利润的科目，此时需要做会计分录如下。

借：本年利润　　　　　　　　　　　　　　　90 000

　贷：主营业务成本　　　　　　　　　　　　　　90 000

根据如上的会计分录，需要填写会计凭证，从而为期末结转损益及登记资产负债表打下基础，其中需要将主营业务成本结转入本年利润科目，保证主营业务成本在期末无余额，如图 4-22 所示。

转账凭证						
2015 年 12 月 30 日					编号：0035	
序号	摘要	科目代码	会计科目	借方金额	贷方金额	附件3张
1	结转损益	4103	本年利润	90 000.00		
2		6401	主营业务成本		90 000.00	
			合计：	90 000.00	90 000.00	
记账	制单		出纳		审核	

图 4-22　期末结转成本

以上是对于公司销售商品后关于主营业务收入及主营业务成本的账务处理，总原则是收入确定后再确定相关成本，并在月末结转主营业务成本，在期末结转本年利润。

其他业务成本与主营业务成本比较

在公司的实际生产经营中，在计算所有成本时，除了主营业务成本，还会包括其他业务成本，它是指在公司主要经营活动以外为获得相关收入而支付的成本。

其他业务收入范围广泛，如公司销售原材料所获得的收入为其他业务收入，那么该原材料的实际成本则为其他业务成本。那么其他业务成本在账务处理方面与主营业务成本有何不同呢？举例说明如下。

甲公司在 2015 年 4 月 10 日，将一批多余的原材料进行出售，该批原材料的实际成本为 2 500 元，甲公司将其出售给乙公司，并向乙公司开具增值税发票，并在发票上注明价款为 5 000 元，增值税为 850 元，乙公司在 2015 年 4 月 12 日，通过银行存款支付该笔货款。

甲公司的财务人员在材料出售及在期末时，做了如下的账务处理。

首先，在 2015 年 4 月 12 日收到对方公司的汇票，此时会计分录如下。

借：银行存款   5 850

 贷：其他业务收入   5 000

   应交税费——应交增值税（销项税）   850

根据相应的分录，可以编制相应的会计凭证，如图 4-23 所示。

转账凭证					
2015 年 4 月 12 日					编号：0035
序号	摘要	科目代码	会计科目	借方金额	贷方金额
1	收到原材料收入	1002	银行存款	5 850.00	
2		6051	其他业务收入		5 000.00
		21710105	应交税费——应交增值税（销项税）		850.00
			合计	5 850.00	5 850.00
记账 制单			出纳	审核	

附件 3 张

图 4-23   收到银行存款

该原材料的销售收入已经确定，那么就需要将其成本进行结转，编制会计分录，如下所示。

借：其他业务成本   2 500

 贷：原材料   2 500

根据如上的会计分录，需要填写对应的会计凭证，具体如图 4-24 所示。

转账凭证					
2015 年 4 月 12 日					编号：0035
序号	摘要	科目代码	会计科目	借方金额	贷方金额
1	结转原材料成本	6402	其他业务成本	2 500.00	
2		1403	原材料		2 500.00
			合计：	2 500.00	2 500.00
记账 制单			出纳	审核	

附件 3 张

图 4-24   结转原材料成本

最后，在期末时，需要将其他业务成本的余额结转入本年利润的科目，此时需要做会计分录如下。

借：本年利润 2 500

贷：其他业务成本 2 500

根据如上的会计分录，需要填写会计凭证，将其他业务成本结转入本年利润科目，保证在期末无余额，具体填写如图 4-25 所示。

转账凭证						
2015 年 12 月 31 日					编号：0035	
序号	摘要	科目代码	会计科目	借方金额	贷方金额	附件 3 张
1	结转损益	4103	本年利润	2 500.00		
2		6402	其他业务成本		2 500.00	
			合计：	2 500.00	2 500.00	
记账	制单		出纳	审核		

图 4-25　将成本结转入本年利润

 # 管理费用：日常管理中的花费

在公司的日常经营中，会出现一些公司经费、工费和业务招待费等与管理相关的花费，这些花费称为管理费，创业初期，这类费用涉及的方面更多，因此在初期就需要计划好这些费用的支出。那么对于管理费，应该如何进行账务处理呢？

简单了解管理费用

管理费用是指公司中的行政管理部门，在公司的日常经营中发生的与产品成本无直接关系的各种费用，我们可以从五大方面对其进行简单的了解。

- ◆ 公司管理部门的直接管理费用：包括管理部门的员工工资、职工福利、办公花费、员工出差花费和差旅费等。

- ◆ 用于直接管理费用之外的费用：一般表现为公司的职工教育经费、与公司董事会有关的花费和对外诉讼费等。

- ◆ 业务招待费：是指公司为了相关业务的顺利进行，在合理的范围内，支出的交易应酬费用。

- ◆ 与技术有关的花费：是指公司为了引进相关技术所支出的费用，如与无形资产相关的费用，此外还包括公司自主开发技术的各种研究费用。

- ◆ 其他费用：是指除上述四项之外，计入管理费用科目中的一些费用。

公司一般都会设置管理费用账户，并且根据相应的原始凭证，登记相应的会计账簿，最后登入报表中，其中，一般会在该科目的贷方账户中登记减少的库存现金和应付票据，借方登记各种管理费用，在期末时，该科目下的账户无余额。

制造费用与管理费用的区别

管理费用与制造费用一样，都与公司的管理相关，但是两者也具有一定的区别，公司在进行账务处理时，不能将属于制造费用账户中的费用计入管理费用，为了能更好地区分两者，需要了解什么是制造费用，以及如何对制造费用进行账务处理。

制造费用是指公司为了保证组织与管理的正常运行所发生的各项费用，但是产生制造费用的主体单位不是公司的管理部门，而是与公司的生产单位相关的部门，如生产单位的机器设备修理费、折旧费和水电费等。

制造费用和管理费用一样，不能归属于生产产品的直接费用，公司会单独设置制造费用科目，设置与此相关的总分类账和明细账，并根据相应的原始凭证进行登记，那么公司的制造费用是如何进行账务处理的呢？举例说明如下。

A 公司是一家食品公司，有自己的生产车间，据统计，在 2015 年 5 月车间发生了如下的经济业务。

在 5 月 5 日，公司支付车间两台机器设备的修理费 5 000 元，通过银行存款支付，财务人员据此做出如下的会计分录。

借：制造费用　　　　　　　　　　　　5 000

　贷：银行存款　　　　　　　　　　　　　　5 000

在 5 月 10 日，车间主任报销差旅费 3 000 元，在 4 月 25 日，发生预借款 4 000 元，财务人员据此做出如下的会计分录。

借：制造费用　　　　　　　　　　　　3 000

　库存现金　　　　　　　　　　　　1 000

　贷：其他应收款　　　　　　　　　　　　4 000

在 5 月 30 日，计提了车间设备的折旧，累计为 5 万元，财务人员据此做出如下的会计分录。

借：制造费用　　　　　　　　　　　　50 000

　贷：累计折旧　　　　　　　　　　　　　50 000

最后，总计本月的制造费用的总和＝5 000＋3 000＋50 000＝58 000（元），因为该车间生产的产品为 A、B 两种产品，两种产品按一定的比例分配制造费用，经计算得出，A 产品应分配 34 800 元，B 产品应分配 23 200 元。

根据如上的计算，财务人员据此做出如下的会计分录。

借：生产成本——基本生产成本——A 产品　34 800

　　　　——基本生产成本——B 产品　23 200

　贷：制造费用　　　　　　　　　　　　58 000

公司发生管理费用后账务如何处理

管理费用的账务处理与制造费用的账号处理大同小异，管理费用的主体为公司的管理部门和董事会等，而非生产车间，并且在期末，管理费用账户无余额，它的余额会结转入本年利润账户中，并计入当期损益，举例如下。

B 公司是一家股份有限公司，在 2015 年 3 月底对本月发生的管理费用进行了统计，根据 3 月份发生的经济业务做了如下的账务处理。

首先，摊销无形资产 5 000 元，做出会计分录如下。

借：管理费用——无形资产摊销　　　　　　5 000

　贷：累计摊销　　　　　　　　　　　　　　5 000

其次，计提办公设备折旧费 2 000 元，做出会计分录如下。

借：管理费用——折旧费　　　　　　　　　2 000

　贷：累计折旧　　　　　　　　　　　　　　5 000

再次，通过银行存款支付业务招待费 6 000 元，做出会计分录如下。

借：管理费用——业务招待费　　　　　　　6 000

　贷：银行存款　　　　　　　　　　　　　　6 000

然后，分配管理部门的员工工资及福利费 25 000 元，做出会计分录如下。

借：管理费用——工资及福利费　　　　　25 000

　贷：应付职工薪酬——工资　　　　　　　20 000

　　福利费　　　　　　　　　　　　　　　5 000

最后，将总计的管理费用结转入本年利润，则需要编写如下的会计分录。

借：本年利润　　　　　　　　　　　　　38 000

　　贷：管理费用　　　　　　　　　　　　　　　　　38 000

　　前面的业务都在该业务发生后，便进行编制凭证，而结转的本年利润的凭证，则在期末时编制，具体如图4-26所示。

转账凭证						
2015 年 12 月 31 日					编号：0070	附件 3 张
序号	摘要	会计科目	科目代码	借方金额	贷方金额	
1	结转利润	本年利润	4103	38 000.00		
2		管理费用	6602		38 000.00	
			合计：	38 000.00	38 000.00	
记账		出纳	制单	审核		

图 4-26　结转本年利润时需要填写的凭证

chapter

05

用钱过日子，现金流量表

解读现金流量表及处理财务费用与差旅费用

　　新公司成立后，正常的经营活动离不开资金的支持，在运营中就会不断有资金流入或流出，从而构成了现金流。如果公司要持续稳定地运转下去，就有必要控制好现金流，从而才能在资金出现不足时，及时发现并制定相应的对策。

现金流量：公司新鲜的血脉

对于新公司而言，现金流量犹如公司血液，当现金流量不足时，就像一个人的血液流失过多，会有生命危险。既然公司的现金流量如此重要，那么公司该如何去管理呢？

简单认识现金流量

现金流量是指在一定的会计期间，如一年内，公司的现金或现金等价物的流入或流出，关于现金和现金等价物如下所示。

- ◆ 现金：是指公司的库存现金及可随时用于日常经营活动所需要支付的货款，包括银行存款、银行汇票和银行本票等，但如果公司的存款为定期，不能用于随时支付，则不是现金。
- ◆ 现金等价物：是指公司持有的期限较短、保本稳利、流动性较强和变现能力较快的一些债券或基金等，期限一般不超过3个月，而且变现的金额要确定，对于一些无法确定的变现金额的短期投资，不能被确定为现金等价物。

由上可知，现金在资产负债中的表现形式为库存现金，现金等价物则表现为应付债券，而在现金流量表中，表现为各种形式现金的流入或流出。

分阶段认识现金流量

现金流量从会计期间来说，可以分为三个阶段，分别是初始现金流量、营业现金流量和期末总结现金流量，分别简单介绍如下。初始现金流量指公司在投资开始时就发生的现金流量，一般可包括如下几部分。

◆ 流动资产的投资：是指公司对各种具有流动性的资产的投资，包括各种现金等价物、原材料和产成品的购入。

◆ 固定资产的投资：是指公司对固定资产的投资，包括固定资产原价支付、运输费用、安装费用和保险费用等。

◆ 公司其他的一些投资费用：是指为了公司的长期发展所投入的工费、职工教育经费和各种培训费等。

◆ 差价收入：指公司将自身拥有的固定资产在一定时期卖出，从而获得的差价收入，并将其作为公司的现金收入。

公司的现金流量除了在期初时存在，一般在日常经营中也会产生一定的现金流量，被称为营业中的现金流量，它的计算一般以年为单位，此时的现金流入指营业现金的收入，而现金的流出，则一般指营业现金的支出及向国家缴纳的税金。

而对于现金流量的计算，则可以使用相应的公式，每年现金净流量 = 营业收入 − 现金流出 − 所得税 = 净利润 + 折旧 = 营业收入 ×（1− 所得税税率）− 现金流出 ×（1− 所得税税率）+ 折旧 × 所得税税率。

当公司的某一投资项目到后期，并最终完结时，此时产生的一些现金流量就称为终结现金流量，包括收回各种垫付资金等，如商品销售中发生的运杂费和在固定资产使用后期的残值回收等。下面通过一个案例说明当固定资产变价售出后带来的现金流如何进行账务处理。

A 公司在 2013 年购买了一台机器设备，原价为 8 万元，增值税为 1.36 万元，在 2015 年 3 月，将其对外出售，价款为 5 万元，增值税为 8 500 元，累计折旧 2.5 万元，同时在出售过程中发生一定的清理费用 800 元。

根据如上的经济业务，公司的财务人员做了如下的账务处理。首先，对购买的固定资产进行原价注销，并计提累计折旧。

借：固定资产清理   65 000

      累计折旧   55 000

   贷：固定资产   80 000

其次，收到固定资产出售的款项，会计分录如下。

借：银行存款   58 500

   贷：固定资产清理   50 000

      应交税费——应交增值税（销项税）   8 500

然后，通过库存现金支付相应的固定资产的清理费用。

借：固定资产清理   800

   贷：库存现金   800

最后，通过公式，计算出售固定资产的净收益，净收益 = 出售价款 − 账面价值 − 清理费用 = 50 000−55 000−800=−5 800，说明该固定资产是折价出售。

上述案例同时反映了现金流量的流入和流出，当公司变价出售固定资产时，就会有 5 万元流入公司，同时需要通过库存现金支付一定的清理费用 800 元，就意味着 800 元的现金流出公司。

获取现金流量的三种方式

公司现金流量的来源，一般可分为经营活动、投资活动和筹资活动等，后两者一般都是公司的对外获取的方式，而经营活动则是从内部出发，自我实现创造获取现金流量的一种方式。

对于初创公司而言，该如何通过 3 种方式去获取现金流量，并且在获取现金流量后，该如何进行账务处理呢？简单介绍如下。

简单认识三种方式

无论是公司的经营活动，还是公司的投资活动或筹资活动，虽然它们获取现金或现金等价物的方式不同，但他们都是构成现金流量的主要途径，简单介绍如下。

◆ 经营活动获取现金流量：是指公司将生产的产品对外销售或对外提供劳务，从而发生的现金流入，而公司对外支付税费或设备修理等导致的现金流出。

◆ 投资活动获取现金流量：是指公司通过处置原有的固定资产、长期资产和无形资产等，产生现金流入或流出，但是对于一些现金等价物的投资则不能算作公司的投资活动。

◆ 筹资活动获取现金流量：是指公司通过对外吸收资本获得的现金或短期借款的现金流入，公司支付借款利息、分配红利和偿还借款等现金流出，都属于发生于公司筹资活动中的现金流量。

对于公司来说，如上述的 3 种获取现金流量的方法，各具特色，缺一不可，它反映了公司在全部的经营中发生的现金流入或流出。公司在发生了相应的经济业务后，一定要注意区分该业务的种类，判断其属于经营活动、投资活动还是筹资活动，只有正确的填写才能保证现金流量表上数据的准确性。

经营活动现金流量的账务处理

经营活动的现金流量，日常表现就是销售商品或对外提供劳务的收入，同时还包括收到的税金返回及其他与经营活动有关的现金，在计算现金流入总额时，同样需要根据现金流出的项目计算现金流出的总额，最后得出，因公司的经营活动而产生的现金净额。

A 公司在 2015 年 9 月底，收到退回的增值税 34 000 元，同时收到退回的营业税 28 000 元，收回教育费附加退还 50 000 元，所有的款项，均通过银行存款的方式流入公司。

公司的财务人员，据此填制了第三季度的现金流量表，部分内容如图 5-1 所示。

现金流量表		
单位名称：A 公司		单位：元
项目	行次	金额
经营活动产生现金流量：		
收到的税金返还	1	62 000
销售商品、提供劳务收到的现金	2	
收到的其他与经营活动有关的现金	3	50 000
现金流入合计		112 000
支付的各项税费	4	
支付的其他与经营活动有关的现金	5	
购买商品、接受劳务支付现金	6	
支付给职工工资及为职工福利支付的现金	7	
现金流出合计		
经营活动产生现金净额		

图 5-1　反映公司经营活动的现金流量表

如图 5-1 所示，公司将收到的增值税和营业税都计入了"收到的税金返还"科目栏内，将收到的教育费附加退还 5 000 元计入了"其他与经营活动有关的现金"科目栏内。

但是，图 5-1 只反映了与公司的一部分经营活动相关的现金流入或流出，公司其他的相关业务现金流量情况还未统计，所以不能得出最终的经营现金净额。

投资活动现金流量的账务处理

投资活动的现金流量来源，一般不是公司在对外的投资活动中，如投资房地产、长期股权投资和交易性金融资产等活动中收到的红利或到期的本金现值，而现金流出则为公司投资期初的本金现值及相关费用的投入。

除此外，现金流入还包括公司对丁原有的固定资产或无形资产进行处置后获得的现金流入，以及处置该资产时花费的相关费用，举例说明如下。

> B 公司在 2015 年 6 月出售了一台闲置的机器设备，该设备原价为 10 万元，价格为 6 万元，计提折旧 4 万元，同时由公司支付运杂费 200 元。并且公司在 6 月 15 日收回了一项长期股权投资，全部投资额 45 万元，其中债券利息为 5 万元。
>
> 公司的财务人员根据上述业务将相关数据填入了第二季度的现金流量表中，如图 5-2 所示。

现金流量表		
单位名称：B 公司		单位：元
项目	行次	金额
投资活动产生的现金流量：		
收回投资所收到的现金	1	400 000
取得股利或利润所收到的现金	2	
处置固定资产、无形资产和其他长期资产所收回现金	3	60 000
收到的其他与投资活动有关的现金	4	
现金流入小计		
购建固定资产、无形资产和其他长期资产所支付现金	5	100 000
投资所支付的现金	6	
支付的其他与投资活动有关的现金	7	200
现金流出小计		
投资活动产生的现金净额		

图 5-2　反映公司投资活动的现金流量表

在图 5-2 中，公司收回长期投资本金 45 万元，但是要扣除债券利息 5 万元，计入"投资收回现金"科目，将处置设备收入的 6 万元，计入"处置固定资产、无形资产和其他长期投资本金"科目中。

同时还需要在现金流出的栏目中，填写购买机器设备的本金 10 万元，以及支付的运杂费 200 元，但是图 5-2 只反映了公司的一部分投资活动相关的现金流入或流出，公司其他的相关业务还未统计，所以不能得出投资现金净额。

筹资活动带来的现金流入

对于公司的现金流量来源，除了经营活动和投资活动外，还存在筹资活动，筹资活动一般表现为公司对外发行股票、债券和基金等，从而募集相关的资金，使资金从外流入，同时在发行过程中因支付一定的费用，使资金从内部流出，我们该如何去认识公司筹资活动中的现金流入和现金流出呢？看下面的例子。

C 公司对外公开发行股票 10 万股，每股 3 元，发行价 3.5 元，其中发行费用 5 000 元，发行完毕，公司收回所有发行价款，据此填写现金流量表，如图 5-3 所示。

现金流量表		
单位名称：C 公司		单位：元
项目	行次	金额
筹资活动产生的现金流量：		
吸收投资所收到的现金	1	350 000
借款所收到的现金	2	
收到的其他与筹资活动有关的现金	3	
现金流入小计		
偿还债务所支付现金	4	
分配股利、利润或偿付利息所支付的现金	5	
支付的其他与筹资活动有关的现金	6	5 000
现金流出小计		
筹资活动产生现金净额		

图 5-3　反映公司筹资活动的现金流量表

图 5-3 反映的就是公司在对外筹资中的现金流入和现金流出，其中 10 万股的股票，每股发行价为 3.5 元，那么公司最终收到的发行价款为 35 万元，即现金流入，其中支付相关的发行费用 5 000 元为现金流出。

因为该案例只反映了筹资活动中的一部分业务，所以就不能最终得出净额。

 # 财务费用：公司筹资中的费用

对于新公司而言，在资金短缺时，最常见的解决办法是通过对外借款来解决，这就需要在一定的时期内支付相应的利息，使得现金流出，此时的账务该如何处理呢？

财务费用的内容

公司的财务费用是指公司为筹集生产经营所需要的资金，而发生的相关费用。具体包括如下内容。

◆ 利息净支出：是指公司的长短期借款利息、票据贴现利息、应付票据利息等与相应的利息收入的差额。

◆ 相关手续费：是指公司为发行债券、股票和基金等所需要支付的相关的手续费，也包括支付或收取货款时需要支付的汇票手续费。

◆ 现金折扣：是指公司为了提前收回应收账款，以返还一定比例现金的方式，鼓励对方公司提前付款。

◆ 汇兑净损失：是指公司购入各种外汇后，买入和卖出之间的差额，一般需要在月末、季度末或年末进行汇总。

◆ 其他财务费用：是指除上述内容以外的、发生在公司筹资过程中的各种费用。

财务费用明细账

公司在编制现金流量表时，一般会在财务费用的总分类账中选择相关数据进行填入，为了方便填写，一般会在业务发生时填写财务费用明细账。

在明细账填写的时候，会根据当时编制的与其相关的记账凭证进行填写，如图5-4所示。

记账凭证																				
填表日期：		2015/4/15						凭证编号：					记字018号							
摘要	科目编号	科目名称	借方金额									贷方金额								
			百	十	万	千	百	十	元	角	分	百	十	万	千	百	十	元	角	分
支付利息	6603	财务费用			¥	5	0	0	0	0	0									
	1002	银行存款												¥	5	0	0	0	0	0
合计					¥	5	0	0	0	0	0			¥	5	0	0	0	0	0
会计主管：	章××		记账	李××		审核	吴××		制单	刘××										

图5-4　支付利息填写的记账凭证

根据如上的记账凭证，将其填入明细账簿中，如将上述通过银行存款支付的利息5 000元，计入利息支出，如图5-5所示。

财务费用明细账								
2015年		凭证号	摘要	明细项目				
月	日			利息收入	借款利息	手续费	工本费	借方发生额
4	15	记字18号	支付利息		5 000.00			5 000.00
	20	记字19号	收到利息	3 000.00				3 000.00
	22	记字25号	支付工本费				50.00	50.00
	25	记字27号	支付手续费			500.00		500.00

图5-5　填写相应的明细账

在图5-5的明细账中，除了凭证反映的利息支付项目，还反映了在4月20日、4月22日和4月25日发生的利息收入、工费和手续费等经济业务。

轻松处理公司发生的财务费用

对于公司来说，财务费用是公司在筹资活动中必不可少的费用，那么当财务费用发生后，账务该如何处理呢？举例说明如下。

B 公司在 2015 年 3 月 1 日，从中国银行借入短期借款 10 万元，期限为 6 个月，利率为 5.6%，利息分月计提，按月支付。

同时在 3 月 15 日通过该笔贷款购买了一批原材料，在 3 月 18 日以汇票的形式支付了全部货款，支付手续费 300 元，同时因为在 10 日内提前付款，因此获得现金回扣 5 000 元。

公司在本月末预提当月的利息，并将财务费用账户中的余额结转到了本年利润账户中，财务费用当月无余额。

公司的财务人员针对以上的业务做了如下的账务处理。

首先，公司在 2015 年 3 月 1 日对外借款时，账务处理如下。

借：银行存款　　　　　　　　　　　　100 000

　　贷：短期借款　　　　　　　　　　　　100 000

其次，在 3 月 18 日，购买原材料后，通过汇票付款并支付相应的手续费时，账务处理如下。

借：财务费用——手续费　　　　　　　300

　　贷：库存现金　　　　　　　　　　　　300

再次，在支付货款后，获得对方公司给予的现金回扣 5 000 元，财务人员就可将该折扣登记入应付账款账户的借方，具体如下。

借：应付账款　　　　　　　　　　　　5 000

　　贷：财务费用　　　　　　　　　　　　5 000

财务人员据此填写了相应的记账凭证。首先是支付手续费后的填写，公司通过库存现金来支付银行的手续费 300 元，则借方就用财务费用表示，而贷方则以库存现金表示，借贷方余额保持一致，具体如图 5-6 所示。

图 5-6 支付手续费填写的凭证

同时，在公司支付货款时，因为在十日内提前付款，就得到了对方公司的现金折扣 5 000 元，而公司就可以将该笔现金折扣用于抵销因购买原材料而产生的应付账款的一部分，那么此时，借方就为应付账款，贷方为财务费用，金额都为 5 000 元，具体填写如图 5-7 所示。

图 5-7 收到现金回扣时填写的凭证

然后，在月末计提本月借款利息，应计利息 =100 000×5.6%/12 = 466.67 元。会计分录如下所示。

借：财务费用——利息支出　　　　　　　466.67

贷：应付利息　　　　　　　　　　　　　　　466.67

根据会计分录填写的会计凭证如图 5-8 所示。

记账凭证																				
填表日期：			2015/3/30					凭证编号：						记字 037 号						
摘要	科目编号	科目名称	借方金额									贷方金额									
			百	十	万	千	百	十	元	角	分	百	十	万	千	百	十	元	角	分
计提利息	6603	财务费用				¥	4	6	6	6	7									
	2232	应付利息													¥	4	6	6	6	7
合计						¥	4	6	6	6	7				¥	4	6	6	6	7
会计主管		李××	记账		章××	审核		刘××		制单		吴××									

图 5-8　计提利息填写的凭证

最后，总计本月财务费用余额，并将余额结转入本年利润账户，财务费用余额 =5 000-300-466.67=4 233.33，余额在贷方，此时就需要做出如下的会计分录。

借：本年利润　　　　　　　　　　　　　4 233.33

　贷：财务费用　　　　　　　　　　　　　　　4 233.33

根据会计分录填写的会计凭证如图 5-9 所示。

记账凭证																				
填表日期：			2015/3/30					凭证编号：						记字 038 号						
摘要	科目编号	科目名称	借方金额									贷方金额									
			百	十	万	千	百	十	元	角	分	百	十	万	千	百	十	元	角	分
余额结转	4103	本年利润				¥	4	2	3	3	3									
	6603	财务费用													¥	4	2	3	3	3
合计						¥	4	2	3	3	3				¥	4	2	3	3	3
会计主管		李××	记账		章××	审核		刘××		制单		吴××									

图 5-9　结转余额时填写的凭证

同时根据如上的凭证，根据发生经济业务的先后顺序，将相应的数据登入明细账户中，如图 5-10 所示。

财务费用明细账								
2015 年		凭证号	摘要	明细项目				
月	日			其他收入	借款利息	手续费	工本费	发生额
3	18	记字 35 号	支付手续费			300.00		300.00
	18	记字 36 号	收到回扣	5 000.00				5 000.00
	30	记字 37 号	计提利息		466.67			466.67
	30	记字 38 号	结转余额					4 233.33

图 5-10　填写发生的明细账

> 　　如上图所示，就完成了公司财务费用从发生到最后余额结转的过程，一定要注意，财务费用与库存现金或银行存款不同，一般在会计期末，它的账户余额是为零的，此时的余额已经结转到了本年利润账户中。

 ## 差旅费用：公司现金的流出

　　对于员工来说，除了坚守日常岗位，为了公司的长远发展，有时还需要交际应酬，以及对外采购原料等，尤其对于新公司的员工而言，这类活动更多。这就会产生公司现金的流出，最典型的就是公司的差旅费用，对于差旅费用是如何进行账务处理的呢？

简单认识差旅费用

　　差旅费用指公司的员工在出差期间，因一些办公需要而支付的交通费、住宿费和伙食费等，不同公司对于差旅费开支范围的规定不同，但都存在一定的规定限额，当出差人员出差回来时，需要通过相应的发票报销相关的费用。

　　但是出差人员在出差期间的费用不能完全计入差旅费，它核算的主要内容包括出差旅途中的飞机票、汽车票、船票、住宿费和出差伙食补助费等，如果公司已经补助伙食费了，那么员工在出差途中额外的就餐费花销就需要自己承担。

　　关于公司的差旅费，员工在出差前后需要注意以下几点。

　　◆ 出差前：需要事先向上级提出申请，并填制相应的申请单，上级批准同意后，在出差中花费的差旅费才可以进行报销。

- 出差中：如果员工在出差途中，因业务变动需要出差到新的地点，经上级领导再次批准后，新的出差时间重新计算。

- 出差标准：国家对于差旅费存在一定的标准，所以不同公司对于差旅费中员工的交通工具、住宿条件和餐费补助等都可以参照一定的标准。

- 差旅费：对于公司不同部门人员的差旅费，在报销时，需要控制在一定的范围内，不能超过预算的总额。

- 出差时间：一般对于员工的出差天数，采用公式：出差天数 = 出差返程日期 − 出差出发日期。

- 不予报销的额外花费：出差员工在出差前，在选择交通工具时，花费的订票费、退票费和改签费等不能计入交通费作为差旅费进行报销。

- 原始票据提交：出差人员在出差回来后，对差旅费进行报销时，需要提交相应的原始凭证，该凭证要求不得涂改、变造和伪造。

- 原始票据丢失：如果出差人员丢失原始凭证，那么出差回来报销差旅费时，就需要对丢失原因、经过和票据明细等做详细的说明。

当出差人员对如上的几点进行注意后，就能实现差旅费的合理报销，同时出差人员在报销相关费用时需要提供一定的资料，如出差地点、时间、目的和凭证号等，最终报销时，公司还会参照差旅费标准，如人均100元/天进行费用的报销结算。

差旅费用报销单

当出差人员进行差旅费用报销时，不能直接到财务部进行款项的报销，需要经过一定的报销流程，具体如图5-11所示。

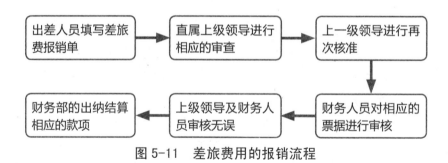

图 5-11　差旅费用的报销流程

在上图的报销流程中，不能缺少任意一步，否则就是不合乎规范的，出差人员也就不能顺利地实现报销，同时出差人员在报销时，一般会填写相应的报销单，对报销的项目进行填写，如费用项目、报销类别和报销的金额等，具体如图 5-12 所示，分别报销交通费、住宿费和餐费等总计 3 500 元。

费 用 报 销 单

报销日期　2015 年　04 月　20 日　　　　附件　　　3　　张

费 用 项 目	类 别	金 额	负责人（签章）	
	交通费	1 000		
差旅费	住宿费	2 000	审查意见	
	餐费	500		
			报销人（签章）	章××
报销金额合计			¥	3 500
核实金额（大写）　　叁 仟 伍 佰 零 拾 零 元　零 角 零 分 ¥				
借款数　　¥5 000　　　　应退金额　　　¥1 500　　　　应补金额				

图 5-12　简单的差旅费用报销单

图 5-12 所示的差旅费用报销单为简单样式的费用报销单，对报销的项目进行了简单的列明，大多公司还常常会使用更为详细的差旅费用报销单，对差旅费用有关的各项都进行了概括，如图 5-13 所示。

差旅费报销单							
填表日期：			2015 年 4 月 20 日				
出差人姓名		章××			所属部门		业务部
出差地点		四川			出差天数		10 天
起止日期		2015 年 4 月 8 日至 2015 年 4 月 18 日					
出差事由		联系业务					
交通及住宿费	种类	票据张数	开支金额	核准金额	出差补助费	出差地点	天数	金额
	车船费		¥800.00	¥800.00			10	¥500.00
	市内交通费		¥200.00	¥200.00				
	住宿费		¥2 000.00	¥2 000.00				
	餐费							
	其他							
	小计		¥3 000.00	¥3 000.00		小计		¥500.00
金额合计		人民币（大写）		叁仟伍佰元整				
报销结算情况							
原出差借款		¥5 000.00			报销金额		¥3 500.00
退回金额		¥1 500.00			补发金额		¥-
申请人：	章××	部门经理：		出纳：		复核：	

图 5-13　详细的差旅费用报销单

公司制定差旅费标准

公司对于出差员工可报销的差旅费一般都会制定一定的标准，不同的公司制定的标准都大同小异，举例如下。

A 公司是一家加工企业，公司员工需要定期到外地去采购相应的原材料，除了支付相应的货款，公司还会在出差归来时，允许员工对差旅费进行报销，公司也相应地对差旅费报销划分了一定的标准，对员工可报销的差旅费在一定限度内进行控制。

划分标准主要员工级别、出差地点和费用项目等，具体如表 5-1 所示。

表 5-1　A 公司的差旅费用明细标准

地区／人员	费用项目	特区	直辖市	省会城市	省辖市	县级市及以下
总经理	住宿费		实报实销			
总经理	伙食补助费		实报实销			

续表

地区/人员	费用项目	特区	直辖市	省会城市	省辖市	县级市及以下
总经理	市内交通费			实报实销		
总经理	交通工具	飞机	火车	轮船	长途汽车	出租车
总经理	标准	普通舱	软卧软座	二等舱	实报	实报
经理	住宿费	180	130	120	100	80
经理	伙食补助费	60	40	40	40	40
经理	市内交通费	10	8	5	5	3
经理	交通工具	飞机	火车	轮船	长途汽车	出租车
经理	标准	预申请	硬卧硬座	三等舱	可乘	实报
其余人员	住宿费	150	110	100	80	60
其余人员	伙食补助费	60	40	40	40	40
其余人员	市内交通费	10	8	5	5	3
其余人员	交通工具	飞机	火车	轮船	长途汽车	出租车
其余人员	标准	——	硬卧硬座	三等舱	可乘	预申请

在上表中，差旅费明细主要从住宿费、伙食补助费、市内交通费和交通工具四大方面进行说明，并且不同的职位级别补助不同。

对总经理来说，三大费用都实行实报实销，而交通工具则是飞机中的普通舱，而对于一般员工，则是住宿费为150元/天、伙食补助费60元/天、市内交通费10元/天，交通工具则是除飞机以外的火车、轮船和汽车等。

如何对差旅费用进行账务处理

与公司应收账款、应收票据和银行存款等的账务处理一样，对于差旅费用也需要根据业务的先后顺序，分阶段地进行处理，一般来说，可以从出差前借款和出差回来后报销两大阶段进行处理，举例如下。

小王是 A 公司的一名采购员，在 2015 年 3 月 10 日，经过上级领导批准，向公司借款 2 000 元作为差旅费，在 2015 年 3 月 15 日出差归来，报销了相应的差旅费 3 000 元，财务人员根据他提供的原始票据，做了相应的账务处理。

第一，小王在 3 月 10 日向公司借款 2 000 元时，账务处理如下。

借：其他应收款——小王　　　　　　　　　　　2 000

　　贷：库存现金　　　　　　　　　　　　　　　　　　2 000

根据如上的分录，填制相应的付款凭证。在该凭证的借方登记其他应收款——小王 2 000 元，同时在贷方登记减少的库存现金 2 000 元，借贷方的金额保持相等，凭证的填写如图 5-14 所示。

付款凭证						
2015 年 3 月 10 日					编号：0035	
序号	摘要	会计科目	科目代码	借方金额	贷方金额	附件3张
1	员工借款	其他应收款—小王	1231	2 000.00		
2		库存现金	1001		2 000.00	
	合计：			2 000.00	2 000.00	
记账		出纳	制单	审核		

图 5-14　出差借款后填写的付款凭证

第二，在 3 月 15 日报销相应的账款时，则需要做如下的会计分录。

借：管理费用——差旅费　　　　　　　　　　　3 000

　　贷：库存现金　　　　　　　　　　　　　　　　　　1 000

　　　　其他应收款——小王　　　　　　　　　　　　2 000

根据上面的会计分录，编制的付款凭证如图 5-15 所示。

付款凭证						
2015 年 3 月 15 日					编号：0036	
序号	摘要	会计科目	科目代码	借方金额	贷方金额	
1	报销借款	管理费用—差旅费	6602	3 000.00		附件 3 张
2		库存现金	1001		1 000.00	
		其他应收款—小王	1231		2 000.00	
	合计：			3 000.00	3 000.00	
记账		出纳	制单		审核	

图 5-15 报销借款后填写的付款凭证

该案例中，反映的是出差人员报销差旅费时，公司需要补款的情形，如果差旅人员在报销差旅费时，需要向公司退款，如果在上例中，小王借款 3 000 元，而报销 2 000 元时，则财务人员就需要做出不一样的会计分录，具体如下。

借：管理费用——差旅费   2 000

       库存现金   1 000

     贷：其他应收款——小王   3 000

chapter

06

守住财富，所有者权益变动表

了解所有者权益、实收资本、资本公积和留存收益

　　合伙创业是年轻人创业模式中比较常见的一种形式。一旦股东将资本投入公司，就会获得一定的股东分红，也称之为所有者权益。本章将具体介绍所有者权益及相关的财务指标，让创业者清楚了解自己的权益。

认识所有者权益

当投资者投入一定的资本，成为公司的股东，同时拥有股东分红的权利，同时也和公司生死共存，承担着公司的经营风险。公司的经营和权益是成正比的，当公司在经营中不断获利时，所有者权益也在不断地增加；当公司在生产经营中，发生一定的亏损，甚至资不抵债时，那么所有者的权益也将减小。什么是所有者权益呢？下面具体介绍。

所有者权益的内容与特征

在财务核算上，一般将所有者权益定义为公司的全部资产减去全部负债后的剩余权益，由会计等式：资产 = 负债 + 所有者权益可得所有者权益 = 资产 - 负债，由于公司的资产和负债都是可以准确计量的，所以所有者权益也可以准确的计量。

在所有者权益变动表中，所有者的权益一般包括公司的所有者投入的资本、直接计入所有者权益的利得、损失和留存收益等，一般常见的是实收资本、资本公积和留存收益，具体介绍如下。

◆ 实收资本：是指公司根据合同或章程规定，接受投资者投入公司的资本，是确定所有投资者在所有者权益中的份额及股东分红的基础。

◆ 资本公积：指投资者对公司投资资本的总额超过了其在注册资本中应出资的份额，包括计入所有者权益的利得和损失，以及资本溢价。

◆ 留存收益：指公司从多年经营利润中提取的一部分留存于公司的内部积累，一般包括盈余公积和未分配利润两大类。

如同资产或负债一样，所有者权益也具有三大特征，简单介绍如下。

◆ 参与利润分配：当公司的投资者投入相应的资本后，就成为公司的股东，可以享有股东分红，投资者通过所有者权益参与公司的利润分配实现分红。

◆ 清偿顺序：一般当公司因一定的原因需要进行清算时，应该先清偿公司的债务，然后才是将所有者权益归还于投资者。

◆ 是否偿还所有者权益：除非公司发生减资、清算和分派现金股利等经济事项，否则无论经营好坏，公司都不需要偿还所有者权益。

所有者权益在资产负债表中的反映

所有者权益的一些内容，如实收资本、资本公积和留存收益等都可以在资产负债表中进行反映，如图 6-1 所示为 A 公司的资产负债表中关于负债和所有者权益的部分内容。

资产负债表			
负债及所有者权益	行次	期初数	期末数
流动负债			
短期借款	1	¥500 000.00	¥500 000.00
应付账款	2	¥10 000.00	0
预提费用	3	¥3 000.00	¥3 320.00
所有者权益：			
实收资本	4	¥800 000.00	¥1 000 000.00
盈余公积	5	¥95 300.00	¥105 400.00
未分配利润	6		
负债及所有者权益总计：			

图 6-1 反映所有者权益的资产负债表

从图 6-1 中，我们可以知道，A 公司的期初实收资本为 80 万元，期末为 100 万元，期初盈余公积为 9.53 万元，期末则为 10.54 万元。

公司的所有者权益和负债都是公司的一种权益，都是公司资金的一种来源，但两者也有存在一定的区别，例如要求权、偿还期限和收益大小等方面，如表 6-1 所示。

表 6-1　所有者权益和负债的简单比较

项目	所有者权益	负债
权利定义	投资者在投入资本后，公司通过对该资本进行运营会产生一定的盈余，而投资者对该盈余则享有分配的权利	负债是公司在日常经营中发生的债务，债权人对于公司拥有请求清偿债务的权利
要求权	对于投资者来说，作为一种权益的所有者，只享有对于剩余资产的要求权	对于公司的债务，债权人可以到期要求收回本金和利息，具有优先获得资产赔偿的要求权
偿还期限	所有者权益一般不会存在偿还的日期	根据合同约定
收益大小	所有者权益的收益一般根据公司的经营水平和风险大小决定	债权人对于债券获得的收益一般根据一定的利率计算，与公司的经营水平无关

公司收到现金投资的账务该如何处理

公司股东要想拥有所有者权益，就需要进行资本的投资，不同的法人可能采取方式不同，下面就以简单的现金投资做讲解。

汤某、张某和刘某共同设立了 B 有限责任公司，注册资本为 300 万元，他们各自持股 40%、35% 和 25%、，根据公司合同约定，他们出资额分别为 120 万元、105 万元和 75 万元，当三人都将各自的出资额足额地转入公司时，公司的财务人员就可做出如下的账务处理。

借：应收票据　　　　　　　　　　　　　3 000 000.00

贷：实收资本——汤某　　　　　　　　1 200 000.00

　　　　——张某　　　　　　　　　1 050 000.00

　　　　——刘某　　　　　　　　　　750 000.00

根据如上的分录，则需要填制相应的会计凭证。在凭证的借方填写增加的银行存款 300 万元，在贷方填写三人投资总额，总额 =1 200 000+1 050 000+750 000=300（万元），同时还需要根据会计编码规则填写相应的会计科目代码，如图 6-2 所示。

转账凭证

序号	摘要	会计科目	科目代码	借方金额	贷方金额
1	股东出资	应收票据	1121	3 000 000.00	
2		实收资本—汤某	400101		1 200 000.00
		—刘某	400102		1 050 000.00
		—吴某	400103		750 000.00
	合计：			3 000 000.00	3 000 000.00
记账		出纳	制单	审核	

2015 年 2 月 15 日　　　　　　　　　编号：0001　　附件 3 张

图 6-2　公司收到股东投资后填写的会计凭证

除了如上例中的根据注册资本的比例进行投资，从而获得所有者权益外，在实际经营中，公司还会通过对外发行股票的方式，吸引股东投资，举例说明如下。

A 公司是一家股份有限公司，委托证券商发行普通股 1 000 万股，每股面值为 1 元，每股的发行价为 8 元，在 2015 年 2 月 10 日，所有的股票都完成了发行，公司成功地收回资金 8 000 万元，在不考虑相关税费的前提下，A 公司的财务人员可以进行如下的账务处理。

首先，先计算出股本，股本 =1 000 万 × 1 元 =1 000（万元）；

其次，计算出发行总额，发行总额 =1 000 万 × 8 元 =8 000（万元）；

最后，计算出两者的差额，差额 =8 000 万 -1 000 万 =7 000（万元），计入资本公积。做出相应的会计分录如下。

借：银行存款　　　　　　　　　　80 000 000.00

　　贷：股本　　　　　　　　　　10 000 000.00

　　　　资本公积——股本溢价　　　7 000 000.00

与股东直接出资不同，投资者通过购买该公司的股票成为公司的股东，根据股票面值计算出的总额为股本，是公司的注册资本，而投资者根据发行价购买的超额股本的部分计入公司的资本公积，具体如图 6-3 所示。

转账凭证						
2015 年 2 月 20 日				编号：0001		
序号	摘要	会计科目	科目代码	借方金额	贷方金额	
1	股票出资	银行存款	1002	80 000 000.00		附件3张
2		股本	4201		10 000 000.00	
		资本公积	4002		70 000 000.00	
	合计：			80 000 000.00	80 000 000.00	
记账		出纳	制单	审核		

图 6-3　股票发行后填写的会计凭证

 # 实收资本：公司现金的流入

当投资者将一定的资金投入公司，就能获得相应的所有者权益，对于投入的资金一般会计入"实收资本"的会计科目，但对于公司的实收资本，新公司老板应该如何来理解，它的账务又该如何处理呢？

简单认识实收资本

实收资本指公司根据章程或约定，接受投资者投入公司的资本，股东可以通过货币资产和非货币资产出资，但是全体股东的货币出资额不能低于有限责任公司注册资本的 30%。

实收资本和资本公积一起构成公司的投入资本，现在的公司都实行实收资本与注册资本相一致的原则。

如 A 公司的注册资本为 50 万元，由甲、乙、丙三者共同出资设立，出资比例为 45%、25% 和 30%，出资额分别为 22.5 万元、12.5 万元、15 万元，这实收资本就为三者的总和，与注册资本总额 50 万元相等。

投资者在投入资本，获取所有者权益时需要注意以下几点。

◆ 注册资本的最低限额：在《公司法》中，对各类公司注册资本的最低限额进行了规定，如规定有限责任公司的注册资本的最低限额为 3 万元，如果股东为 1 人的有限责任公司，则最低限额为 10 万元。

◆ 无形资产出资：如果投资者以无形资产出资，公司无形资产出资的总额就不能超过注册资本的 20%，如果公司有特殊原因，经相关部门批准后，无形资产出资总额可以达到 30%，但不能超过这个比例。

◆ 出资后验资：当投资者根据一定比例出资后，公司会请会计师验资，出具相应的验资报告，然后给股东出具出资证明书。

◆ 抽逃出资额：一般公司在投入资本后，是不允许抽回投资的，如果在公司成立后，股东抽回投资，国家将会对投资者处以抽逃资金的 5% ~ 10% 的罚款。

实收资本的来源

在前面讲过，公司可以接受股东的货币资产或非货币资产的出资，具体表现为实物出资或现金出资，在这里将介绍无形资产出资、固定资产出资和原材料出资，具体如下。

（1）无形资产出资

当投资者以无形资产进行出资时，首先需要根据投资的合同或章程的约定，对无形资产的价值进行确定，确认在注册资本中享有的相关份额，下面以一个简单的例子进行说明。

A公司在设立时，公司的股东李某以一项非专利技术进行出资，经相应的会计机构评估，该资产的价值为10万元，同时张某以其公司名下可使用的土地权出资，根据合同约定价值为20万元，经过批准，A公司接受了李某和张某的无形资产投资，并以评估价值和合同约定价值入账。

据此，公司的财务人员根据相关业务作了如下的账务处理。

借：无形资产——非专利技术　　　　100 000

　　　　　　——土地使用权　　　　200 000

　　贷：实收资本——李某　　　　　　　　100 000

　　　　　　　　——张某　　　　　　　　200 000

当会计分录编写完成以后，财务人员就应将该数据编入会计凭证。在填写相应的转账凭证时，分别从业务发生的日期、相关的会计科目、科目代码和金额等进行说明，其中借贷方的金额一定要保持平衡，具体如图6-4所示。

转账凭证					
2015年3月10日				编号：0001	
序号	摘要	会计科目	科目代码	借方金额	贷方金额
1	接受出资	无形资产—非专利技术	170101	100 000.00	
2		无形资产—土地使用权	170102	200 000.00	
		实收资本	4001		300 000.00
		合计：		300 000.00	300 000.00
记账		出纳	制单	审核	附件3张

图6-4　接受无形资产后填写的凭证

至此就完成了对公司投入无形资产后的简单的账务处理，会计人员要对相关数据如实填写。

（2）固定资产出资

当投资者以机器设备、房屋和建筑等固定资产进行出资时，与无形资产一样，首先应确定固定资产的价值，然后才能确定其在注册资本中享有的比例，确定投资者的所有者权益份额，下面以案例的形式进行说明。

张某以三台机器设备投资于 B 公司，根据合同约定 3 台设备的价值为 30 万元，增值税为 5.1 万元，经过双方协商，约定 B 公司接受张某价值 35.1 万元的投资，假设合同约定的固定资产的价值与公允价值是相符的，财务人员可做出如下的账务处理。

借：固定资产　　　　　　　　　　　　　300 000

　　应交税费——应交增值税（进项税）　 51 000

　贷：实收资本——张某　　　　　　　　　　　351 000

根据如上的会计分录，财务人员可编制会计凭证，将三台设备的价值计入固定资产的价值，计入固定资产的借方，同时结转相应的增值税，价值的总额为 35.1 万元，计入公司的实收资本科目中，其凭证填写如图 6-5 所示。

转账凭证					
2015 年 4 月 10 日				编号：0001	
序号	摘要	会计科目	科目代码	借方金额	贷方金额
1	接受出资	固定资产	1501	300 000.00	
2		应交税费—应交增值税（进项税）	21710101	51 000.00	
		实收资本	4001		351 000.00
		合计：		351 000.00	351 000.00
记账		出纳	制单	审核	

附件 3 张

图 6-5　接受固定资产出资后填写的凭证

（3）原材料出资

除了无形资产和固定资产出资，公司还会接受投资者的材料物资出资，如生产所需的原材料，与无形资产、固定资产出资一样，首先应确定原材料的价值，然后才能确定其在注册资本中享有的比例，从而确定投资者的所有者权益份额，下面举例说明。

C公司在成立时，刘某以一批原材料作为资本投资，同时刘某将增值税发票出具到C公司，该批原材料的价值为15万元，其中不包含增值税，增值税的进项税额为2.55万元，C公司和刘某约定以原材料的实际成本作为资本入账，且该增值税的进项税可以抵扣。

于是C公司的财务人员根据如上的经济业务编制了如下的会计分录。

借：原材料 150 000

　　应交税费——应交增值税（进项税） 25 500

贷：实收资本——刘某 175 500

根据如上的会计分录，财务人员编制会计凭证可按照原材料的实际成本入账，根据增值税发票上原材料的价值为15万元，同时结转相应的增值税，计算价值总额为17.55万元，计入公司的实收资本科目中，具体如图6-6所示。

转账凭证					
2015 年 3 月 15 日				编号：0001	
序号	摘要	会计科目	科目代码	借方金额	贷方金额
1	接受出资	原材料	1403	150 000.00	
2		应交税费—应交增值税（进项税）	21710101	255 00.00	
		实收资本	4001		175 500.00
			合计：	175 500.00	175 500.00
记账		出纳	制单	审核	

图 6-6　接受原材料出资后填写的凭证

至此就完成了公司接受原材料投资后应该编制的会计分录和填写的会计凭证，从而为以后的登记会计账簿和制作会计报表工作打下基础。

公司实收资本增加账务该如何处理

随着公司的不断发展，生产技术水平不断提高，规模不断扩大，从而公司的盈利也在不断增加，会吸引一些新的投资者进入公司，同时原有的股东们为了实现更多的分红，也会追加自己的投资；并且在一定的情形下，公司会将资本公积或者盈余公积转增为资本，这些因素最终都会使公司的实收资本增加。那么，公司的实收资本增加以后，账务该如何处理呢？下面举例说明。

李某、张某和刘某三人在 2012 年共同出资设立了一家有限责任公司，注册资本为 100 万元，三者出资比例分别为 45%、35% 和 20%，即出资额分别为 45 万元、35 万元和 20 万元。

2015 年，为了扩大生产规模，经过申请，决定注册资本扩大为 200 万元，而三者的出资比例不变，于是李某、张某和刘某三者分别追加 45 万元、35 万元和 20 万元。当公司完全收到三者追加的资金后，需要做出如下的账务处理。

借：银行存款　　　　　　　　　　1 000 000

　　贷：实收资本——李某　　　　　　　450 000

　　　　　　——张某　　　　　　　350 000

　　　　　　——刘某　　　　　　　200 000

根据如上的会计分录，财务人员可编制会计凭证。首先，需要将三者追加的注册资本计入公司的银行存款中，然后将三者追加的资金明细计入公司实收资本的贷方科目中，借贷方的金额要保持一致，具体如图 6-7 所示。

转账凭证					
2015 年 3 月 20 日				编号：0022	
序号	摘要	会计科目	科目代码	借方金额	贷方金额
1	追加出资	银行存款	1002	1 000 000.00	
2		实收资本—李某	400101		450 000.00
		—张某	400102		350 000.00
		—刘某	400103		200 000.00
			合计：	1 000 000.00	1 000 000.00
记账		出纳	制单	审核	

附件 3 张

图 6-7　追加资本后填写的凭证

如上就完成了公司股东追加一定的资本后，公司应该做出的会计分录和填写的会计凭证，从而为以后的登记会计账簿和制作会计报表等工作打下基础。

如果公司通过将资本公积或盈余公积转增为资本，账务处理又有哪些不同呢？

以前面的例子为原形，如果增加的注册资本 100 万元是通过公司的资本公积转增而来，此时，公司将转增的资本仍是根据三位股东的出资比例进行转增，并将转增的资本记录到三位股东的出资额上，具体的账务处理如下所示。

借：资本公积 　　　　　　　　　　　　1 000 000

　　贷：实收资本——李某 　　　　　　　　450 000

　　　　　　——张某 　　　　　　　　　350 000

　　　　　　——刘某 　　　　　　　　　200 000

根据如上的会计分录，可填制相关的会计凭证。在凭证的借方登记的是转增的资本公积，根据出资比例转增入股东账户的资金明细计入公司实收资本的贷方科目中，其中借方的金额与贷方的总金额保持一致，具体如图 6-8 所示。

转账凭证

2015 年 3 月 20 日					编号：0022	
序号	摘要	会计科目	科目代码	借方金额	贷方金额	
1	转增资本	资本公积	1002	1 000 000.00		附件 3 张
2		实收资本—李某	400101		450 000.00	
		一张某	400102		350 000.00	
		一刘某	400103		200 000.00	
			合计：	1 000 000.00	1 000 000.00	
记账		出纳		制单	审核	

图 6-8　资本公积转增资本后填写的凭证

如上为将资本公积转增为实收资本的账务处理，与公司股东通过追加相应的资金从而增加公司的实收资本的账务处理大同小异，公司将盈余公积转增资本的账务处理也与其相似，具体会计分录如下。

借：盈余公积　　　　　　　　　　1 000 000

　　贷：实收资本——李某　　　　　　　　450 000

　　　　——张某　　　　　　　　350 000

　　　　——刘某　　　　　　　　200 000

根据上述的会计分录，填制相关的会计凭证。在凭证的借方账户登记的是转增的盈余公积，根据出资比例转增入股东账户的资金明细，计入公司实收资本的贷方科目中，具体如图 6-9 所示。

转账凭证

2015 年 3 月 23 日					编号：0025	
序号	摘要	会计科目	科目代码	借方金额	贷方金额	
1	转增资本	盈余公积	4101	1 000 000.00		附件 3 张
2		实收资本—李某	400101		450 000.00	
		一张某	400102		350 000.00	
		一刘某	400103		200 000.00	
			合计：	1 000 000.00	1 000 000.00	
记账		出纳		制单	审核	

图 6-9　盈余公积转增资本后填写的凭证

如上，对于公司实收资本增加的三种方式都进行了账务处理，三者之间不存在孰优孰劣，具体事项需根据公司的实际情形而定。

在公司的实际经营中，实收资本除了增加，还可能存在减少的情形，减少的情形一般表现为公司将原有的股本进行注销，账务处理方式与上述相反。

 # 资本公积：股东的超额出资

我们知道，投资者要想拥有公司的所有者权益，需要根据相应的投资比例进行出资，当投资者出资超过相应的比例时，超出的部分就计入公司的资本公积账户中。

那么，什么是资本公积呢？资本公积、实收资本及盈余公积又存在哪些不同？资本公积如何进行账务处理？这些问题都是在面对资本公积时需要思考的问题。

简单认识资本公积

资本公积的来源是投资者超额出资部分的资本溢价及直接计入所有者权益的利得和损失，详情如下。

- ◆ 资本溢价：指公司超额出资，如股东 A 根据出资比例，原本计划出资资本 17.5 万元，而为了转账方便，最终出资 20 万元，其中的 2.5 万元，即资本溢价，计入资本公积账户。

- ◆ 所有者权益的利得和损失：公司的资本公积，除了资本溢价和股本溢价之外，还存在的一大类就是直接计入所有者权益的利得和损失，一般为不计入当期损益、与所有者投入资本无关、与公司利润分配无关但是最终会导致公司所有者权益变化的一些收益或损失。

对于公司的资本公积，还要注意区分其和实收资本存在的不同，以免账务处理时出现错误，两者之间的差异如表 6-2 所示。

表 6-2　资本公积与实收资本的比较

项目	资本公积	实收资本
定义	是指投资者超额出资中的超额部分	投资者根据注册比例投资的资金
实质	不能直接表明所有者与公司的基本产权关系	表明公司所有者与公司的基本产权关系
用途	主要用来转增资本	是确定公司进行股利分配的基础
表现	不体现所有者对资本份额占有比例	投资者根据相应的份额比例出资
管理	所有者不能据此进行公司的管理	是所有者参与公司管理的依据

在账务处理过程中，除了需要注意资本公积与实收资本的比较，还需要注意区分其与留存收益的不同，留存收益简单说就是公司从历年的利润中提取的收益累计，主要来源于公司的生产利润，而资本公积则与公司的市场利润无关。

资本公积的简单账务处理

对于资本公积的账务核算，包括资本溢价核算、其他资本公积核算、股本溢价核算和资本公积转增资本等，下面简单介绍一下资本溢价核算以及其他资本公积核算。

（1）资本溢价的账务处理

对于公司来说，如果公司按照实际的出资比例进行出资，那么一般不会有资本溢价的产生，只有当新的投资者加入，才有可能会产生资本溢价。

在公司成立之初，不稳定因素较多，利润风险也较大，当公司经营稳定并不断扩大时，如果新的投资者要加入这个公司，同样的资金份额就需要更多的资金投入，下面举例说明。

> 李某和刘某在 2011 年成立了一家有限责任公司 C，注册资本为 50 万元，两者出资比例为 6∶4，即两者分别出资为 30 万元和 20 万元。

在不断的经营中，利润不断上涨，在 2015 年，公司决定扩大注册资本为 80 万元，引入新的投资者，经过协商，章某加入该公司，投入现金 32 万元，拥有公司 30% 的股份，当公司收到章某投入的注册资本时，进行了如下的账务处理。

借：银行存款　　　　　　　　　　　　320 000

　　贷：实收资本　　　　　　　　　　　240 000

　　　　资本公积——资本溢价　　　　　 80 000

如上所示，章某投入的 32 万元，其中在注册资本中的份额为 24 万元，超过注册资本 8 万元，那么此时计入公司的实收资本为 24 万元。8 万元作为资本的溢价计入资本公积中。

同时根据上述的会计分录，可填制相应的会计凭证，如图 6-10 所示。

转账凭证

2015 年 2 月 20 日					编号：0010	
序号	摘要	会计科目	科目代码	借方金额	贷方金额	附件 3 张
1	超额出资	银行存款	1002	320 000.00		
2		实收资本	4001		240 000.00	
		资本公积	4002		80 000.00	
			合计：	320 000.00	320 000.00	
记账		出纳	制单		审核	

图 6-10　新加入者超额出资后填写的凭证

以上就是对公司资本溢价账务的简单处理，从会计分录的制作到会计凭证的编写完成过程。

（2）其他资本公积的账务处理

其他资本公积是指除了资本溢价所带来的资本公积外，对外的长期投资。如长期股权投资带来的一些收益或损失都计入其他资本公积账户，下面举例说明。

B 集团在 2013 年 3 月 1 日向 A 公司投资 50 万元，拥有该公司 25% 的股份，对于 A 公司采取权益法核算。

在 2015 年 3 月 1 日，A 公司的所有者权益增加了 20 万元，它与公司的利润无关，B 集团对 A 公司的持股比例仍为 25%，A 公司的资产的账面价值此时与公允价值相等，在不考虑其他因素的影响下，B 集团的财务人员做了如下的账务处理。

首先，需要计算出 B 集团新增加的资本公积总额，资本公积总额 =200 000×25%=50 000（元），其次，做出以下的会计分录。

借：长期股权投资——A 公司　　　　　　　50 000

　　贷：资本公积——其他资本公积　　　　　　　50 000

同时根据上述的会计分录，可填制相应的会计凭证。其中在借方填制长期股权投资的利得，根据计算可以得出为 5 万元，同时在资本公积账户下，还需要填写相应的明细账，如其他资本公积，并填写相应的科目代码，借贷方金额，具体事项如图 6-11 所示。

转账凭证						
2015 年 2 月 20 日				编号：0010		
序号	摘要	会计科目	科目代码	借方金额	贷方金额	附件3张
1	权益投资	长期股权投资	1401	50 000.00		
2		资本公积—其他资本公积	411107		50 000.00	
			合计：	50 000.00	50 000.00	
记账		出纳	制单	审核		

图 6-11　长期股权投资的所有者权益变化后填写的凭证

如上，公司对外进行长期股权投资，当投资这家公司所有者权益发生变化，而且该种变化与公司的净损益无关时，公司的持股比例也保持不变，对外投资的公司就可以根据有者权益变化的金额和投资比例，计算资本公积的金额。

在公司的实际经营中，还会对资本公积转入实收资本进行相应的账务处理，在前一节内容中已经对其进行了相应的介绍，因此在这里不做详细的介绍。

股本溢价后，资本公积账务该如何处理

公司的资本公积来源除了资本溢价及直接计入所有者权益的利得和损失外，还包括股本溢价，那么股本溢价与资本溢价又存在哪些不同呢？

股本溢价是相对于股份有限公司来说，是公司为了吸收资金而推出的，当公司溢价发行时，就会产生相应的股本溢价，它的股本溢价数额＝实际收到的股票价款－股票面值总额，股本溢价后，关于公司所有者权益的账务该如何处理呢？

> A是一家股份有限公司，在2015年2月公开发行普通股3 100万股，每股面值为1元，每股的发行价为20元，委托深圳证券交易所代为发行，双方约定按照发行收入的3‰支付相应的手续费，通过银行存款支付该笔费用，当在2015年4月，所有的股票都发行完毕，公司收回相应的股本时，应做如下的账务处理。
>
> 首先，计算发行的手续费，手续费＝31 000 000×20×3‰＝186（万元）；其次，计算发行收入＝31 000 000×（20-1）＝58 900（万元）；然后，计算资本公积的总额，总额＝溢价收入－手续费＝58 900-186＝58 714（万元）。最后，做出如下的会计分录。
>
> 借：银行存款 618 140 000
> 　贷：股本 31 000 000
> 　　资本公积——股本溢价 587 140 000
>
> 同时根据上述的会计分录，可填制相应的会计凭证。在借方填

制公司通过发行股票，在扣除手续费后，收到的相应的价款，总计为 61 814 万元，在贷方首先需要填写股本金额和资本溢价金额，具体填制效果如图 6-12 所示。

转账凭证						
2015 年 2 月 20 日				编号：0010		
序号	摘要	会计科目	科目代码	借方金额	贷方金额	附件 3 张
1	权益投资	银行存款	1002	618 140 000.00		
2		股本	4001		31 000 000.00	
		资本公积—股本溢价	411101		587 140 000.00	
			合计：	618 140 000.00	618 140 000.00	
记账		出纳	制单	审核		

图 6-12　股本溢价引起的所有者权益变化后填写的凭证

 # 留存收益：利润＋盈余公积

任何的投资或经营都存在一定的风险，对于创业的新公司，风险更大，为了确保公司的长远发展，公司最好拥有一定的积蓄。除了在各大银行中的银行存款，在公司内部，也会设置一个小金库——留存收益，并从利润中提取一部分金额装入该金库，该如何去了解这个"小金库"呢？

留存收益的两大内容

公司的留存收益可以分为两部分，分别是盈余公积和未分配利润，两者的具体含义如下所示。

◆ 盈余公积：是指公司按照一定的比例，从净利润中提取的资金，可分为法定盈余公积和任意盈余公积，公司的盈余公积主要用来弥补经营亏损、转增资本和扩大生产经营等经济业务。

◆ 未分配利润：未分配利润不是公司还未经过分配的利润，也不是公司的营业收入，而是一种净利润，该利润是经过提取盈余公积、弥补经营亏损和股利分红后还留存在公司的净利润，公司对于该部分利润，能自我决定它的用途。

前面已经简单地介绍了公司留存收益的内容，知道留存收益的来源可分为盈余公积和未分配利润，那么对于留存收益的账务处理就主要体现在对于盈余公积的提取及利润分配的处理上。

盈余公积的账务处理

公司的盈余公积可分为法定盈余公积和任意盈余公积，其中法定盈余公积是根据国家规定的一定比例提取，一般规定满足公司法的公司提取的盈余公积的比例为10%，当提取的法定的盈余公积总额为50%时就不再提取，提取的比例基数为公司的净利润。

而公司的任意盈余公积，一般根据公司的股东大会或一定的权力机构的决定提取，下面将以案例形式说明公司对于盈余公积的提取及账务处理的方式。

A公司在2015年实现净利润80万元，年初的未分配的利润为0，经过股东大会决定，公司提取当年净利润的10%作为公司的法定盈余公积金，15%作为公司的任意公积金，同时做出了如下的利润分配方案，具体如表6-3所示。

表6-3 利润分配的方案

项目	比例	金额
提取法定盈余公积	10%	80 000
提取任意盈余公积	15%	120 000
分配现金股利		480 000
合计		680 000

根据上述的利润分配方案，公司财务人员做了如下的会计分录。

借：利润分配——提取法定盈余公积　　　　　　80 000

　　　　　——提取任意盈余公积　　　　　　120 000

　　贷：盈余公积——提取法定盈余公积　　　　　　　80 000

　　　　　　——提取任意盈余公积　　　　　　　120 000

根据如上的会计分录，财务人员需要填写相应的会计凭证。

在该凭证的借方，填写为利润分配，并将相应的明细科目内容进行汇总，因此可得借方的总额为 20 万元，同时在贷方填写盈余公积科目，同样将属于明细科目的内容进行汇总，贷方的总金额同样为 20 万元，根据计算所得的数字将借贷方的金额填入，如图 6-13 所示。

转账凭证						
2015 年 3 月 10 日					编号：0015	
序号	摘要	会计科目	科目代码	借方金额	贷方金额	
1	提取盈余公积	利润分配—提取法定盈余公积	410401	80 000.00		附件3张
2		—提取任意盈余公积	410402	120 000.00		
		盈余公积—提取法定盈余公积	410101		80 000.00	
		—提取任意盈余公积	410102		120 000.00	
			合计：	200 000.00	200 000.00	
记账	出纳		制单	审核		

图 6-13　提取盈余公积后凭证的填写

除了提取盈余公积外，还可以将盈余公积用于弥补当年的亏损，如果将上例中提取的总额为 20 万元的盈余公积用于弥补当年的亏损，将其他的影响因素排除在外，那么财务人员可做出如下的账务处理。

借：盈余公积　　　　　　　　　　　　　　　　200 000

　　贷：利润分配——盈余公积补亏　　　　　　　　200 000

若公司将提取的 20 万元用来转增资本，那么账务处理也存在不同。

借：盈余公积   200 000

    贷：股本   200 000

盈余公积发放现金股利后账务该如何处理

我们已经知道，公司提取的盈余公积可用来扩大生产规模和弥补公司的亏损等，其实盈余公积还可以用来发放公司的现金股利，举例如下。

A 公司在 2015 年年初的未分配利润为 0，本年实现的净利润为 150 万元，并按规定提取相应的法定盈余公积金，并宣告发放现金股利 60 万元，经过股东大会讨论，公司决定将净利润的一部分及盈余公积用来支付相应的现金股利，于是公司对此做出了如下的账务处理。

首先，结转本年利润，需要做出如下的会计分录。

借：本年利润   1 500 000

    贷：利润分配—未分配利润   1 500 000

根据如上的会计分录，公司需要填制相应的会计凭证。因为本年实现了盈利，就需要将当年的净利润计入本年利润的借方，表示可分配的净利润，同时在该凭证的贷方计入公司未分配的利润，其中借贷方的金额总额都为 150 万元，如图 6-14 所示。

转账凭证

2015 年 12 月 31 日   编号：0385

序号	摘要	会计科目	科目代码	借方金额	贷方金额	
1	结转利润	本年利润	4103	1 500 000.00		附件3张
2		利润分配—未分配利润	410415		1 500 000.00	
			合计：	1 500 000.00	1 500 000.00	
记账		出纳	制单	审核		

图 6-14 结转本年利润时需要填写的凭证

其次，需要计算提取的法定盈余公积金，法定盈余公积金总额 =1 500 000×10%=150 000（元），据此，做出相应的会计分录如下。

借：利润分配——提取法定盈余公积　　　　150 000

　　贷：盈余公积——提取法定盈余公积　　　　150 000

根据如上的会计分录，公司需要填制相应的会计凭证，如图6-15所示。

转账凭证

2015年12月31日					编号：0386	
序号	摘要	会计科目	科目代码	借方金额	贷方金额	
1	提取盈余公积	利润分配—提取法定盈余公积	410401	150 000.00		附件3张
2		盈余公积—提取法定盈余公积	410101		150 000.00	
			合计：	150 000.00	150 000.00	
记账		出纳	制单	审核		

图6-15　提取盈余公积时需要填写的凭证

然后，当宣告发放现金股利时，财务人员的会计账务处理如下。

借：利润分配——应付现金股利　　　　450 000

　　盈余公积　　　　　　　　　　　　150 000

　　贷：应付股利　　　　　　　　　　　　600 000

根据会计分录填制如图6-16所示的会计凭证。

转账凭证

2015年12月31日					编号：0387	
序号	摘要	会计科目	科目代码	借方金额	贷方金额	
1	计算股利	利润分配—应付现金股利		450 000.00		附件3张
2		盈余公积		150 000.00		
		应付股利			600 000.00	
			合计：	600 000.00	600 000.00	
记账		出纳	制单	审核		

图6-16　计算股利时需要填写的凭证

最后，当公司通过银行存款支付相应股利时，会计分录如下所示。

借：应付股利　　　　　　　　　　　　600 000

　　贷：银行存款　　　　　　　　　　　　600 000

根据如上的会计分录，财务人员需要填制相应的付款凭证。因为是通过银行存款支付现金股利，因此需要填写的付款凭证如图 6-17 所示。

付款凭证					
2015 年 12 月 31 日				编号：0388	
序号	摘要	会计科目	科目代码	借方金额	贷方金额
1	支付股利	应付股利	1131	600 000.00	
2		银行存款	1002		600 000.00
			合计：	600 000.00	600 000.00
记账		出纳	制单	审核	

附件 3 张

图 6-17　支付现金股利时需要填写的凭证

至此，公司就完成了将提取的盈余公积和部分净利润用于支付现金股利的账务处理过程，从最初的利润结转到公积金的提取，再到应付股利的计算，最后完成股利支付的每一个步骤都不能缺少。

chapter

07

看懂财务报表，这些指标必知

其他常见财务指标详解

　　财务报表中涉及的各种财务指标有很多，作为新公司的老板，不需要了解每个指标，只需看懂与公司经营最有关系的一些指标即可，如偿债能力、运营能力、盈利能力和经营杠杆系数等。

偿债能力分析：短期与长期偿债

对于新公司而言，能否通过最小的成本获得最大的价值，取决于公司的盈利能力，公司的盈利能力强，将不断地获得利润，然而相对于盈利能力，公司的偿债能力也非常重要，它将决定公司能否长久经营并实现盈利的关键，那么，作为新公司的老板，该如何理解公司的偿债能力呢？

简单认识公司的偿债能力

公司的偿债能力是指公司到期偿还债务的能力，如到期偿还的短期借款和长期借款等，它可以分为两大类，一是短期偿债能力，二是长期偿债能力，两者的区别具体如下。

- ◆ 短期偿债能力：是指公司的流动资产对公司流动负债的及时足额偿还的保证程度，是衡量公司当期财务能力的一种重要依据，一般可以从两方面来进行分析：一是流动比率；二是速动比率。
- ◆ 长期偿债能力：是指公司偿还长期负债的能力，要了解公司的长期偿债能力，可以从公司的资产负债率和产权比率两方面进行分析，两者与公司的长期偿债能力呈反比，资产负债率或产权比率越低，公司的长期偿债能力就越强。

我们简单了解了偿债能力，接下来就需要了解如何去分析公司的偿债能力，偿债能力的大小可以通过一定的指标来分析，如上图所示的流动比率、速动比率、资产负债率和产权比率等。

短期偿债能力的两大指标

短期偿债能力可以通过公司的流动比率和速动比率来衡量，什么是流动比率和速动比率呢？两者简单比较如表7-1所示。

表 7-1　流动比率与速动比率的比较

项目	流动比率	速动比率
定义	是指公司流动资产与流动负债的比率，可以反映公司在短期内流动资产偿还流动负债的能力	是指公司速动资产与流动负债的比率，而公司的速动资产则是流动资产中变现能力较好的资产
计算公式	流动比率 = 流动资产 / 流动负债 × 100%	速动比率 = 速动资产 / 流动负债 × 100%
最佳的持有比例	一般流动比率为 200% 时最佳	一般速动比率为 100% 时最佳
与偿债能力关系	流动比率越高，短期偿债能力越强	速动比率越高，短期偿债能力越强
与资产关系	流动资产指公司可在一个运营周期内变现的资产	速动资产是指流动资产减公司中非流动资产或其他流动资产的余额

从上表可知，对于衡量公司短期偿债能力的两大指标，主要从定义、计算公式和最佳持有比例等方面进行分析。

在国际上一般认为流动比率为100%较好，在200%时为最好的比率，比率越高，表示公司的短期偿债能力越强，债权人收回债务的风险就较小；如果流动比率较低，那么说明公司归还债务的能力就越低。

当然如果该比例过高，对公司来说同样存在不足，说明公司用于偿还债务的资产较多，将影响公司的资产周转能力，最终影响公司的盈利能力。

与流动比率不同，速动比率一般认为保持在100%时最佳，如果速动比率低于100%，表示公司的偿债风险较大，如果速动比率大于100%，表示公司可用于短期偿债的速动资产较多，该部分的资产占用过多，将使公司用于其他方面的投资减少，从而也会影响公司的盈利。

在认识公司的流动比率时，还要注意以下几点，具体如下。

◆ 正确认识流动比率较高：公司的流动比率较高意味着公司的偿债能力较强；如果公司积压的存货较多，就意味着偿债存在一定的风险。

◆ 流动比率与货币资金：当公司的流动比例较高时，意味着公司可用于偿还债务的闲置资金较多，此时就可能失去一些投资机会。

◆ 标准一定要合理：不同的经营时期，对于流动比率的计算也是不同的，如何确定评价的标准，将直接影响流动比率的计算，所以标准要具有合理性。

由上内容可知，对于公司的流动比率既不能过高也不能过低，要根据公司的实际经营状况而定，而且在考虑偿债的时候，一定不要忘记公司的盈利能力。

下面以案例的形式讲解如何准确计算两大比率。

据统计，A公司在2015年的流动资产相对于2014年来说，增加了500万元，总额为800万元，应收账款减少了50万元，总额为30万元。

而流动负债增加了250万元，总额为500万元，存货增加了80万元，总额为320万元，同时公司的一年内到期的非流动资产为80万元，其他流动资产为50万元，预付账款为30万元。

公司的财务人员根据以上信息，做出了如下的账务处理。

首先，计算流动比率，流动比率＝流动资产／流动负债＝8 000 000/5 000 000=160%。

其次，根据公式计算速动资产，速动资产＝流动资产－存货－

预付账款－一年内到期的非流动资产－其他流动资产 =8 000 000－
3 200 000－300 000－800 000－500 000=3 200 000 元。

再次，计算速动比率，速动比率＝速动资产 / 流动负债
=3 200 000/5 000 000=64%。

然后，通过流动比率分析公司的偿债能力，相对来说，公司的
流动比率的最下限是 100%，而在 200% 时最为适当。

当公司的流动比率在 200% 时，说明公司的财务状况较为稳定，
不仅能够满足日常的生产经营的流动资金的需要，同时公司还能有
足够的资金用于偿还公司的债务。

通过计算，该公司的流动比率为 160%，小于 200%，说明了公
司在短期偿债方面仍存在一定的风险，不能做到对到期债权的完全
偿还。

最后，一般公司的速动比率在 100% 时最为合适，如果小于
100%，则公司将面临较大的偿债风险。

而根据计算，公司的速动比率为 64%，低于 100%，则公司短
期偿债能力较低，债权人对于债权的收回仍存在较大的风险。

长期偿债能力的两大指标

长期偿债能力，是指公司长期经营的一种体现，是公司偿还长期负债
的能力。公司的长期偿债能力可以从两大方面进行分析，分别是资产负债
率和产权比率，具体如下。

◆ 资产负债率：是指公司负债的总额与资产总额的比率，是公司的
资产对于债权人权益的一种保障，资产负债率越小，公司的长期
偿债能力越强。

◆ 产权比率：反映的是公司的负债总额与所有者权益总额的比率，

是所有者权益对于公司债权人权益的保证，也是衡量公司财务运营是否良好的重要标志，一般产权比率越低，长期偿债能力越强。

我们已经简单认识了衡量长期偿债能力的两大指标，下面就来对其进行简单的比较，具体如表 7-2 所示。

表 7-2　资产负债率与产权比率的比较

项目	资产负债率	产权比率
定义	反映资产与负债的关系	反映负债与所有者权益的关系
计算公式	资产负债率 = 负债总额 / 资产总额 ×100%	产权比率 = 负债总额 / 所有者权益总额 ×100%
最佳的持有比例	一般认为流动比率为 60% 时最佳	将盈利能力与偿债能力综合考虑
与偿债能力关系	负债率越小，长期偿债能力越强	比率越低，长期偿债能力越强

从上表可以看出，公司的资产负债率不能太高也不能过低，该比率如果较小，说明公司可用于偿还长期负债的资产较多，债权人的利益也将更有保证。

如果比率太高则意味着公司债务负担较重，可用于偿还负债的资产较少，公司可支配的资金较少，债权人收回负债的风险也高，会给公司的长期经营带来一定的影响。

所以，在国际上一般会存在一个最佳的持有比率，如上表所示的资产负债比率的最佳持有比例为 60%，如果公司属于风险保守型，那么可以保持在 50%。

而对于产权比率来说，产权比例较低就意味着公司可通过所有者权益来偿还债务的能力较高，对于债权人来说，债务可收回的风险大大地降低了，但是对于公司来说，则将不能更好地通过负债来实现财务杠杆的效应。

而产权比率的最佳持有比例没有具体数字，一般需要根据公司的盈利能力及偿债能力两方面进行综合分析。

首先保证债务能准时偿还，同时也要注意提高公司的产权比率，最佳的持有比率，不同的公司有不同的标准，没有具体的数字。

 # 运营能力分析：资产周转能力

新公司要长远发展，除了考察偿债能力，还需要考虑日常经营的能力，只有公司保持一个良好的经营状态，才能使公司实现长远的发展。

简单认识公司的运营能力

公司的运营能力是指公司基于外部市场环境的约束，通过内部的人力资源和生产资料的配合实现财务目标。如通过对生产资料的运营、生产技术的提高和人才的引进等实现了本年利润 100 万元。

公司的运营能力可以通过公司生产资料的运营能力来进行分析，生产资料一般表现为对内部各项资产的占用；生产资料的运营能力体现为资产与各个组成要素的运营能力。

生产资料的运营具体可表现为流动资产的周转情况、固定资产的周转情况和总资产的周转情况三方面，具体如下所示。

◆ 流动资产周转：通过公司各项流动资产的周转率反映，如应收账款周转率、存货周转率和流动资产周转率等。

◆ 固定资产周转：是指公司在一定时期固定资产的周转率，是公司在一定会计期间的营业收入与平均固定资产净值的比值。

◆ 总资产周转：是指公司在一定会计期间的营业收入与平均资产总额的比值，体现了公司对于全部资产的运用。

无论哪一类资产，都可以从资产的运营能力进行分析，而资产运营能力的高低又与资产的周转速度、资金运行情况和资产管理水平等方面息息相关，其中比较主要的是资产的周转速度。

公司的周转速度越快，说明公司对于该资产的使用效率越高，公司的运营能力就越强，资产的周转速度可以通过周转率及周转期来进行说明，具体如下。

◆ 资产周转率：是指公司在一定会计期间内资产的周转额与平均余额的比率，是资产在一定会计期间的周转次数，周转速度越快，说明公司的资产运营能力就越强，周转率还可称为周转次数。

◆ 资产周转期：是指资产周转率的倒数与计算期天数的乘积，反映的是公司资产的周转天数，表示资产周转一次所花费的时间，周转天数越少，就意味着公司资产的周转速度越快，公司对于资产的运营能力就越高。

两者还可以通过一定的公式进行计算，资产的周转率＝周转额／资产平均余额；资产的周转期＝计算期／周转次数＝资产平均余额×计算期天数／周转额，通过公式可以知道，周转期＝1/周转率×计算期天数。

对于公司的生产资料运营有一定的了解后，接下来将分别对于各类资产的衡量指标进行分析。

流动资产的周转能力

对于公司流动资产的周转能力分析，主要从应收账款、存货和其他流动资产的周转率等进行分析，本小节将重点讲解应收账款周转率和存货周转率的计算及分析。

（1）应收账款周转率的计算分析

应收账款周转率，是指公司在一定的会计期间内营业收入与应收账款余额的比率，可以据此分析应收账款的周转速度。

对于应收账款周转率的计算，可以采用相关的公式，如应收账款周转率 = 营业收入 / 平均应收账款余额；应收账款周转期 = 平均应收账款余额 ×360/ 营业收入；平均应收账款余额 =（应收账款余额年初数 + 应收账款余额年末数）/2。据此，就可以计算自身的应收账款的周转率。

当财务人员运用上面公式进行计算时，需要注意如下几点。

- ◆ 应收账款的核算内容：在公式中反映的应收账款不能仅反映应收账款科目下的余额，还应包括应收票据等其他的赊销账款。
- ◆ 平均应收账款余额的计算：如果应收账款的余额波动较大，就可以缩短计算时间，比如按照每月的应收账款余额来计算平均额。
- ◆ 时间统一：无论是资产的周转率还是周转期，都与一定的时间相对应，所以，财务人员在计算时，要注意分子、分母、时间的统一。

对于公司来说，应收账款周转率的高低直接反映了公司的一些管理问题，如周转率较高则说明公司应收账款的账龄较短，资产流动性较强，短期的偿债能力较强，同时还可以减少坏账损失。

（2）存货的周转率的计算与分析

存货周转率是指公司在一定的会计期间营业成本与平均存货余额的比例，主要用来反映公司在经营过程中的存货运营效率，在计算存货周转率时可以采用两个公式，一是计算存货周转率；二是计算存货周转期。

存货周转率 = 营业成本 / 平均存货余额，存货周期 = 平均存货余额 ×360/ 营业成本 =1/ 存货周转率 ×360。通过该公式计算存货周转率时，一定要注意存货计价方法，不同的计价方法会对存货周转率的计算带来不同程度的影响，而且在计算时，一定要注意时间的统一性，特别是在计算存货周期时。

存货的周转速度是对公司的生产、储蓄和销售等生产管理状况的反映，相对来说，存货周转率越高，意味着公司变现速度越快，对于资产的占用就会越少。

通过对于公司存货周转情形进行分析，可以发现公司对于存货管理存在的一些问题，同时也提醒管理者，需要降低存货对于资产的过分占用。

（3）流动资产周转率的计算与分析

在计算存货周转率和周转期时还需要考虑到流动资产周转率的计算，流动资产周转率是指公司在一定会计期间营业收入与平均流动总额的比率，是一种反映流动资产周转速度的经济指标。

该指标可通过公式进行计算，流动资产周转率 = 营业收入 / 平均流动资产总额，流动资产周转期 =1/ 周转率 ×360= 平均流动资产总额 / 营业收入 ×360。

流动性周转率也称为周转次数，一般流动资产的周转次数越多，说明该流动资产的使用频率越高，流动效果越好，所以流动周转率与公司的营业收入及平均流动资产总额成正比。

从流动周转周期来说，它反映的是公司周转一次所需要的时间是多少，反映生产经营是否合理。

（4）固定资产周转分析

固定资产的周转，简单来说，就是公司在生产经营中对于固定资产的运用，固定资产周转是指公司在一定的时期，营业收入与平均固定资产的净值，作为衡量固定资产的一项效率指标。

在此过程中，会用到三个公式，一是固定资产周转率；二是固定资产周转期；三是计算平均固定净值。

固定资产周转率 = 营业收入 / 平均固定资产净值；固定资产周转期 = 平均固定资产周转净值 ×360/ 营业收入 =1/ 资产周转期 ×360；平均固定资产的净值 =（固定资产净值年初数 + 固定资产净值年末数）/2。

对于固定资产周转率要注意以下几点。

◆ 固定资产净额含义：固定资产的净额是固定资产的原价 - 累计折旧 - 已计提的减值准备。

- 固定资产周转率较高：说明公司对于固定资产进行了充分的利用，固定资产投资较为合理，公司的运营能力较强。

- 固定资产周转率较低：意味着公司的固定资产未得到充分的利用，生产结构存在一定的问题，公司的运营能力较低。

- 排除其他的各种因素：对固定资产的净值计算，需要了解公司的原值、折旧和计提的减值准备等。

以上是财务人员在计算固定资产周转率时的几个注意事项，公司的固定资产也属于资产，都可以从资产的周期率和周转期方面进行分析，对于公司来说，必须制订一个合理的计划，对应收账款、存货和固定资产的周转进行合理的控制，不能过高也不能过低，一定要合理。

（5）总资产周转情形分析

总资产周转的分析，是指对公司总资产周转率的计算，是公司在一定的会计期间，如一年中营业收入与该公司平均资产总额的比值，同样，总资产周转率可以根据相应公式进行计算。

公式包括总资产周转率、总资产周转期和平均资产总额，其具体计算如下。

总资产周转率 = 营业收入 / 平均资产总额

总资产周转期 = 平均资产总额 ×360/ 营业收入 =1/ 周转率 ×360

平均资产总额 = （资产总额年初数 + 资产总额年末数）/2

对于总资产周转率来说，比例数额越高，就意味着公司对于全部资产的使用效率就越高；如果该比例数额越低，则说明公司对于全部资产的使用效率较低。

当公司销售商品或提供劳务后，会导致公司流动资产发生变化，如果在销售收入或劳务收入一定的情形下，通过提高流动资产的周转率，可以节约一定的资金，下面举例说明。

A公司在2014年度的销售收入为1 200万元，流动资产的平均占用额为400万元，根据公式，流动资产的周转次数＝销售收入/流动资产的平均占用额＝1 200万元/400万元＝3（次），流动资产的周转天数＝计算期天数/周转次数＝360/4＝90（天）。

在2015年度，如果销售收入不变，流动资产的周转次数从原来的3次提高到4次，则流动资产的差额＝1 200/3-1 200/4＝100（万元），这100万元为公司通过提高流动资产周转速度后节约的金额。

如果在2015年，销售收入扩大为1 600万元，流动资产的周转次数从原来的3次提高到4次，那么流动资产的差额＝16 000 000/3-16 000 000/4＝133.33（万元），此时的133.33万元为公司节约的流动资产余额。

通过以上两种方法，即一是销售收入不变，提高流动资产周转次数；二是销售收入与流动资产的周转次数同时增加，达到了节约流动资产支出的目的。

对于上例中节约的流动资产，根据具体用途的不同可以分为绝对节约和相对节约，绝对节约是指公司将节约的余额用于偿还债务；相对节约是指在保证所有者权益不变的情形下，扩大公司的生产规模。

公司盈利能力分析：毛利率

新公司的发展，最重要的还是看公司的盈利情况，我们可以借助毛利率指标对公司的盈利能力进行分析，什么是毛利率呢？如何通过毛利率的高低来分析公司的盈利能力呢？

轻松理解毛利率

毛利率又可以称为销售毛利率，它与公司的销售收入相关，表示销售收入减去销售成本后，剩余的可用于各项期间费用的余额占销售成本的比例，通常用百分数表示，它是衡量公司盈利能力的一个重要指标。

根据不同的标准，可以将毛利率划分为不同的形式，从公司所属行业出发，可分为服务行业毛利率、交通运输业毛利率和商品销售毛利率等。

从商品的角度出发，可分为综合商品毛利率、大类商品毛利率、单项商品毛利率等。

公司的销售毛利率会根据公司的利润表得出，它是上市公司一个重要的经营指标，能反映公司产品的竞争力及获利能力，是公司净利润的起点。

因此，销售毛利率可以在一定的程度上反映公司主营产品或主营劳务的盈利情况，并对此做出分析。

销售毛利率在一定的程度上可以反映公司是否具有逃税和避税的问题，如果公司隐瞒一部分销售收入、销售成本或利润等，那么将引起销售毛利率的反常，因此，如果销售毛利率在正常的波动范围内，那就不存在逃税和避税的问题。

公司通过销售毛利率的变化可以查看近期的经营业绩，发现经营管理中的问题，不断地完善经营管理。

对于公司销售毛利率的计算，一般使用销售毛利率 =（销售收入 - 产品成本）/ 销售净收入 ×100%。

而对于一些上市公司来说，销售的毛利率 =（主营业务收入 - 主营业务成本）/ 主营业务收入 ×100%。

在计算毛利率时还会计算毛利额和收入额，不同的公司计算方法不同。对于贸易公司，销售收入一般指不包含增值税额的收入，即不计税的价格。而对于建筑公司，一般收入是将相关的税收包含在内，因此，两种公司计算毛利率时就存在一定的差别。

对于毛利率的计算可以采用公式毛利率＝（不含税售价－不含税进价）/ 不含税售价 ×100%＝（1－不含税进价 / 不含税售价）×100%。

如果要计算公司的毛利额，就可以采用公式－毛利额＝销售收入总额 × 平均毛利率，相对来说，公司的毛利率越高，公司的盈利能力就越强，公司对于成本的控制也就越强。

销售毛利率也有计算公式，销售毛利率＝(销售收入－销售成本)/销售收入 ×100%，而销售收入＝销售数量 × 单价，销售成本＝销售数量 × 单位成本。

可以看出，当其他的因素固定时，公司的销售数量及销售单价与毛利率成正比的关系，而销售成本则与毛利率成反比关系。

并且，公司的毛利率还间接地受到市场产品的供求关系、公司内部的成本管理制度、产品的价值及特色、公司所处的行业环境和应收账款周转率等因素影响。

如何通过毛利率的高低分析账务真假

通过对公司毛利率的分析，可以了解公司的销售价格及销售成本的真假，从而分析公司是否有逃避税收的情况，那么可不可以通过毛利率的高低来查看账务的真假呢？

对于公司的经营者来说，任何一项投资最根本的目的在于获利，毛利是公司通过一定的经营管理获得利润的基础，公司要想实现盈利最大化，就需要获得足够多的毛利。

在其他因素不考虑的情形下，毛利额与毛利率成正比。毛利额越大，毛利率越高，从而公司的利润总额也就越高，当公司的利润总额在缴纳一定的税收后，就可得出公司的净利润，该税收与公司利润是正相关的。

对于公司在产品销售过程中发生的增值税，也与毛利率成正相关，公司为了逃避相应的所得税或增值税，一般会在公司的对外账目中作假，通过降低售价、增加成本和降低毛利总额等方式，从而降低公司的增值税和所得税。

因此，无论是内部审计机构或外部审核机构，在对公司的账目进行审核时，如果发现公司的毛利率与同行相比较低，并且低到超出正常范围很多，公司的毛利额还不能维持期间费用，从账面来看，公司长期处于一种亏损状态，同时公司的收入与成本方面有些地方账目不够清楚明朗，则公司可能通过人为地降低销售收入和增加销售成本，从而降低了毛利率，账务有作假嫌疑。

 # 经营杠杆系数：成本与收入的纽带

犹如在市场买卖货物的公平秤，体现一种杠杆原理，公司的生产经营也如此，在公司的不断生产与发展中，也体现了一种隐性的杠杆——经济杠杆系数。什么是公司的经营杠杆系数呢？

怎么理解经营杠杆系数

公司的经营杠杆系数也可以称为公司的营业杠杆系数，是公司息税前利润的变动率与销售额变动率相除的结果。

息税前利润是指在扣除公司财务费用前的利润，销售额是公司的销售收入，因此，公司的经营杠杆系数也可以理解为公司的利润变动额与公司的产销量变动率相除。

公司在计算经营杠杆系数时，会采用两大公式。公式一：经营杠杆系数 = 利润变动率 / 产销量变动率；公式二：经营杠杆系数 = 基期贡献边际 / 基期利润。

公司的经营杠杆系数,可从四大方面对其变动进行说明,包括固定成本、产销量、成本指标和单价。从固定成本来说,只要公司的固定成本数值不等于 0,那么经营杠杆的系数是恒大于 1 的。

当公司的产销量增加时,经营杠杆系数就会变小;反之,则变大。公司的经营杠杆系数与产销量成反方向变化,产品的单价对于经营杠杆系数的影响也与此相同,而公司成本的指标则与经营杠杆的系数变动成正比。

相对来说,如果公司的产销量固定,公司的经营杠杆系数越大,利润的变动幅度也越大,给公司带来的风险就越大。

为了了解经营杠杆对于公司的影响程度,同时预估通过经营杠杆带来的杠杆效益,预测公司的经营风险,公司会对相应的经营杠杆系数进行计算。公司的经营杠杆系数越大,带来的杠杆效益越强,但同时经营风险也越大。

在市场经济快速发展的今天,公司可以通过增加固定成本的投入或减少变动成本来提高相应的经营杠杆系数,从而发挥杠杆效益的积极效应。

根据经营杠杆系数公式得知,它与公司的成本及销售额相关,当公司的固定成本不变时,经营杠杆系数就表示随着公司当年的销售额变动而带来的营业利润的变动大小。

当公司的固定成本为固定值时,公司的销售额越大,经营杠杆系数就越小,同时经营风险也越小;反之则越大。

当公司固定成本为固定值时,公司就应该采取措施增加公司的销售额,以便增加公司的息税前利润,使公司实现一定的正杠杆效益;当公司的销售额减少,则公司的利润会下降,会带来负杠杆利益;当公司的销售收入固定,固定成本增加,变动成本减小时,公司的经营杠杆系数将增大。

如果公司的销售额处于盈亏临界点之前,则销售额增加,经营杠杆系数就增大;如果公司的销售额处于盈亏临界点之后,则销售额增加,经营杠杆系数就减小。

如果公司的销售额与盈亏临界点相等，则经营杠杆系数和经营风险无穷大。

如何通过经营杠杆分析公司的营业杠杆效益和营业风险

在前面我们已经了解了经营杠杆系数的相关知识，它与公司的销售总额和成本相关，下面来看一个具体的案例。

> A 公司在 3 月份的产品销量为 30 000 件，产品单价为 2 000 元，销售总额为 6 000 万元，同时公司的固定成本为 1 200 万元，单位产品的变动成本为 1 000 万元，变动成本总额为 3 600 万元。
>
> 根据上述数据及公式，经营杠杆系数 = 利润变动率 / 产销量变动率或经营杠杆系数 = 基期贡献边际 / 基期利润。
>
> 假设公司的经营杠杆系数为 M，M=30 000×（2 000-1 200）/[30 000（2 000-1 000）-12 000 000]=2 或 M=60 000 000-30 000 000/[（60 000 000-30 000 000）-12 000 000]=2。

上述案例表明，当公司的销售收入增加一倍时，公司的息税前利润将增加两倍；当公司的销售收入减少 1/2 时，息税前的利润将下降 1/2。

销售收入增加的情形可称为公司的经营杠杆效益，当公司的销售收入下降 1/2 时，称之为公司的营业风险。

相对来说，公司的经营杠杆系数越大，营业杠杆效益和风险就越高；反之，营业杠杆效益和风险就越小。

chapter

08

新公司如何编制与填写报表

财务报告及四大财务报表的编制方法

　　对于新开办的公司而言，虽然账务比较少，涉及的会计科目也不多，但是报表仍需要正常编制。公司发生了什么业务，财务人员就需要正常做账，正常出报表。本章将具体介绍财务报告、资产负债表、利润表、现金流量表和所有者权益变动表的具体编制和填写方法。

财务报告：财务报表的汇总

新公司在对外进行投资或者筹资活动时，对方需要了解公司的基本财务信息，此时，公司就需要出具财务报告，什么是公司的财务报告呢？财务报告与财务报表有什么关系呢？下面具体来讲解。

简单认识财务报告

财务报告是指公司对外正式的解释或表述公司财务信息的一种总结性的书面文件，财务报表是财务报告的核心，财务报告和财务报表都是对外提供一定的财务信息的书面文件，财务报告对外提供的财务信息内容如下。

◆ 提供公司的经济事项：主要通过资产负债表、现金流量表等反映公司内部资源的变动及引起变动的各种经济事项。

◆ 提供公司在经营期间的经营成果：主要通过利润表反映公司在一定会计期间的经营成果，此外还包括公司的资产、负债和所有者权益的变动。

◆ 提供公司的现金流动的信息：对于一般财务报告的使用者来说，如债权人或股东最为关心的就是到期利息及本金的收回，该类信息一般可以通过现金流量进行反映。

◆ 反映公司资源使用情形：对于公司来说，需要向资源提供者提供资源的保值和增值等情形。

◆ 根据社会发展，提供多方面的财务信息：随着社会经济的发展，公司需要不断增加财务报告提供的财务信息的内容，以便于投资者作出更为精准的决策。

如上就是公司的财务报告反映的主要内容，而公司的财务报告则由两大类组成，分别是财务报表和其他财务报告，具体如下。

◆ 财务报表：指公司通过表格的形式对公司的财产状况、现金流动、经营成果和所有者权益变动进行反映的一种书面性的文件，除了基本的财务报表，还包括各报表后的附注。

◆ 其他财务报告：其他财务报告与公司的财务报表不同，可以不受会计准则的约束，它的形式灵活多样，也是提供财务信息的一种书面文件，提供内容包括一些定性信息和非会计信息，是财务报表的一种辅助报告。

从以上的对于公司财务报告的讲解中，我们得知公司的财务报告主要以财务报表为主要内容。

财务报表分类及填写规则

公司的财务报表，根据不同的划分标准，存在不同的报表，根据计算的会计期间，可分为中期财务报表和年度财务报表；根据公司的性质可以分为个别和合并的财务报表，具体如下。

（1）中期财务报表与年度财务报表

中期财务报表具体包括月报、季报和半年报等，它的具体内容主要包括资产负债表、现金流量表、利润表和附注，并且几类报表的格式和内容都必须保证完整，且与年度报表中显示的此项数据保持一致。

（2）个别财务报表与合并财务报表

根据公司的性质不同，可将财务报表分为个别财务报表和合并财务报表，如果公司为独立的法人，可根据自身的经营情形编制个别财务报表；如果公司隶属于某公司，公司的财务报表则是由母公司根据母公司和子公司的经营情况编制相应的财务报表，统一对公司的资产情况、经营成果和现金流量等进行综合性的反映。

（3）报表的编写规则

在编写相应的会计报表时，公司是需要遵循一定规则的，包括效益大于成本、报表内容真实可靠和信息具有相关性等原则，具体如下。

◆ 效益大于成本：公司报表的编制是具有一定效益的，也需要支付一定的成本，对于财务人员来说，应做到以最小的成本投入获得最大的价值，使最终的财务报表具有一定的价值。

◆ 报表内容真实可靠：内容真实可靠主要体现在公司的数据上，公司要保证报表上提供的数据及其他信息必须真实可靠。

◆ 信息具有相关性：财务报表是对公司相关信息的披露，所以财务报表上的信息必须做到相关性，即财务报表上的数据是对于公司当期发生的相关经济业务的反映。

（4）财务报表列报的注意事项

财务报表的列报是指对报表进行列示和披露。列示包括对资产负债表、现金流量表、利润表和所有者权益变动表等报表的列示，而报表的披露则包括列明在各大报表后的批注等。

在对财务报表进行列报时，一般需要注意以下几点，主要对列报的内容、基础、报表表首、金额、比较性和统一性等方面进行说明。

◆ 报表列报的内容：主要是公司的一些重要交易事项，并划分为若干个项目，如果公司的某个项目不具有重要性，可以将几个项目合并。

◆ 报表列报的基础是公司的持续经营：持续经营对于公司来说是公司进行会计计算的前提，如果公司不能持续经营，财务报表也就不再合理。

◆ 财务报表表首要求：财务报表可分为表首和正表，在表首一般需要列明公司名称、会计期间和货币计量单位等信息。

◆ 报表项目金额的相互抵销：在报表列报的项目中，资产和负债、收入与费用应单独列报，不能相互抵销，如果抵销就不能保证信息的完整性。

◆ 列报的信息具有可比性：对于公司的报表来说，任何报表都需要提供上一会计期间的数据，以此进行比较，如期初资产、期初负债和期初利润等。

◆ 财务报表列报的事项能够准确地确认与计量：公司财务报表中各种事项，需要在一定的会计准则下能够确认并进行精确的计量。

◆ 财务报表列报项目的统一性：公司财务报表中各种项目，包括项目名称、分类和排序等信息，在不同的会计期间应保持一致，不能随意更改。

我们已对财务报告中报表的分类、填写规则和注意事项有一定的了解，接下来就需要对于报表外的其他信息有更深一步的了解。

财务报表中的附注披露形式

财务报表中的附注是指对于资产负债表、现金流量表和利润表项目进行文字说明的材料，同时也会对一些未在报表中反映的项目给予说明。

报表中的附注，一般采用旁注、底注和附表等形式进行说明，具体如下。

◆ 旁注：与台词的旁白相似，是指在报表中的有关项目旁边，直接加括号予以说明，相对来说比较简单。

◆ 底注：也可以称为脚注，是在报表后面通过一定的文字和数字对有关的项目进行说明，揭示那些不便列入报表正文的信息。

◆ 附表：也是一种表格，是在报表外另行编制的、对相关项目及项目的数据来源进行反映的一类表格。

对于公司来说，无论采取何种方式进行附注说明，附注都需要反映公司的基本情况、遵循的会计准则、报表的编制基础、重要的会计政策与会计估计、会计政策及会计估计的变更、报表的重要事项的说明等内容。

对于公司会计政策的说明，主要从报表的项目计量基础和政策的确定依据等方面进行说明，而对于公司的重要事项则可以通过如表8-1的形式进行披露，以存货的披露格式为例。

表8-1　存货的披露格式

存货种类	年初账面余额	本期增加额	本期减少额	期末账面余额
在产品	100 000.00	200 000.00	250 000.00	50 000.00
库存商品	50 000.00	100 000.00	80 000.00	70 000.00
周转材料	200 000.00	150 000.00	300 000.00	50 000.00
原材料	150 000.00	30 000.00	175 000.00	5 000.00
低值易耗品	10 000.00	5 000.00	12 000.00	3 000.00

对于存货中的在产品、库存商品、周转材料、原材料和低值易耗品等进行一定的披露说明，如存货的年初账面余额、本期增加额、本期减少额和期末账面余额等，对于财务报表中未详细说明的信息进行进一步的说明，使报表使用者更好地了解报表。

 # 资产负债表的编制与填写

在前面几章已经从资产与负债两方面对资产负债表进行了简单的说

明，对于公司来说，在半年期或年末时需要根据凭证和会计账簿等进行资产负债表的编制，那么，新公司该如何编制资产负债表呢？

资产负债表列报内容与格式

资产负债表是指对公司的资产、负债、所有者权益和营业周期等方面进行列报，其中资产包括流动资产和非流动资产，负债包括流动负债和非流动负债。资产负债表存在三种形式，分别是报告式资产负债表、账户式资产负债表和我国现行的资产负债表格式。

（1）报告式资产负债表

报告式资产负债表可分为两大类形式，相对来说比较简单，在统一报表中可以增设几个项目，但缺点是资产与所有者权益的关系不能较好的反映，具体如图 8-1 所示。

两类报告式资产负债表					
资产=权益式			资产-负债=股东权益式		
资产			资产		
	资产合计	500 000.00		资产合计	500 000.00
权益			负债		
	负债	285 000.00		负债合计	285 000.00
	负债合计		股东权益		
	股东权益				
	股东权益合计	215 000.00			
	权益合计	500 000.00		股东权益合计	215 000.00

图 8-1　报告式资产负债表

（2）账户式资产负债表

财务人员在编制相应的会计分录时，一般会使用 T 型样式，与此相似，资产负债表也存在一种 T 型的样式，将资产作为借方列在报表的左方，将负债和所有者权益作为贷方列在报表的右方，两方的总金额相等，具体如图 8-2 所示。

账户式资产负债表

资产		权益		
项目明细		负债		
			负债合计	285 000.00
		股东权益		
			股东权益合计	215 000.00
资产合计	500 000.00	权益合计		500 000.00

图 8-2　账户式资产负债表

上图所示即为 T 型账户式的资产负债表，通过上图可以看出资产与所有者权益及负债的关系，报表左方的总资产 50 万元为报表右方的负债与股东权益之和。

（3）我国现行的资产负债表格式

现在大多公司使用的资产负债表采用的是账户式的资产负债表，账户的左方是各类资产的总和，各类资产根据一定的顺序填列，如流动资产和非流动资产等。

报表的右方为各类负债及所有者权益，在该类报表中，可以更明确地体现资产与负债及所有者权益的关系，在报表中无论是对于资产、负债和所有者权益，都需要列明期末余额和年初余额。

下面以某公司 2016 年度的资产负债表说明，如图 8-3 所示。

资产负债表

会企 01 表

编制单位：××股份有限公司　　　　2015 年 12 月 31 日　　　　单位：元

资产	期末余额	年初余额	负债和股东权益	期末余额	年初余额
流动资产：			流动负债：		
货币资金	1 500 000.00		短期借款	500 000.00	
交易性金融资产	20 000.00		应付职工薪酬	150 000.00	
应收票据	350 000.00		应付票据	300 000.00	
应收账款	200 000.00		应付账款	510 000.00	
预付款项	100 000.00		应交税费	37 500.00	
其他应收款	10 000.00		应付利息	2 500.00	
存货	1 050 000.00		其他应付款	80 000.00	
其他流动资产	80 000.00		流动负债合计	1 580 000.00	
流动资产合计	3 310 000.00		非流动负债：		
非流动资产：			长期借款		
长期股权投资	300 000.00		一年内到期的非流动负债	700 000.00	
固定资产	1 500 000.00		非流动负债合计	700 000.00	
在建工程	1 000 000.00		负债合计	2 280 000.00	

图 8-3　××公司的资产负债表

其他非流动资产	120 000.00	所有者权益:		
无形资产	200 000.00	实收资本（或股本）	4 000 000.00	
非流动资产合计	3 120 000.00	盈余公积	100 000.00	
		未分配利润	50 000.00	
		股东权益合计	4 150 000.00	
资产总计	6 430 000.00	负债和股东权益总计	6 430 000.00	

图 8-3　××公司的资产负债表（续）

如何编制资产负债表

资产负债表具有固定的格式，当财务人员在编制资产负债表时，只需要填入与相关科目有关的数据，一般都是根据科目余额表进行填写，科目余额表如表 8-2 所示。

表 8-2　××公司科目余额表

科目名称	借方余额	科目名称	贷方余额
库存现金	3 000.00	短期借款	100 000.00
银行存款	805 831.00	应付票据	100 000.00
其他货币资金	7 500.00	应付账款	974 800.00
交易性金融资产	0	其他应付款	50 000.00
应收票据	66 000.00	应付职工薪酬	150 000.00
应收账款	500 000.00	应交税费	226 731.00
坏账准备	−1 500.00	应付利息	0
预付账款	100 000.00	应付股利	32 416.00
其他应收款	5 000.00	一年内到期的长期负债	0
材料采购	270 000.00	长期借款	1 060 000.00
原材料	45 000.00	股本	4 000 000.00
周转材料	38 050.00	盈余公积	120 070.00
库存商品	2 122 400.00	未分配利润	218 014.00
材料成本差异	4 250.00		
其他流动资产	100 000.00		
长期股权投资	300 000.00		

科目名称	借方余额	科目名称	贷方余额
固定资产	1 401 000.00		
累计折旧	−150 000.00		
固定资产减值准备	−30 000.00		
工程物资	300 000.00		
在建工程	408 000.00		
无形资产	500 000.00		
累计摊销	−60 000.00		
递延所得税资产	7 500.00		
其他长期资产	200 000.00		
合计	6 942 031.00	合计	6 942 031.00

上表所示的科目余额表，也可以称之为总账余额汇总表，是根据总账科目的余额编制而成，表内借方余额是期末的借方余额，表示资产类的会计科目；贷方余额表示负债和所有者权益类的会计科目的期末贷方余额。因此，上例数据是可以直接填入资产负债表的。

对于使用手工会计的公司来说，一般会外购入固定的凭证、账簿和资产负债表等，而对于使用电算化会计的公司来说，从凭证的填写到账簿的登记，再到资产负债表的编写都可以使用电脑一体化，可以在系统里自动生成资产负债表样式，财务人员根据固定的资产负债表或自动生成的资产负债表模板填写相关的数据。

下面以上例公司的科目余额表为原型，填写部分的资产负债表数据，如图 8-4 所示。

资产负债表					
					会企 01 表
编制单位：××股份有限公司		2015 年 12 月 31 日			单位：元
资产	期末余额	期初余额	负债和股东权益	期末余额	期初余额
流动资产：			**流动负债：**		
货币资金	8 061 831.00		短期借款	100 000.00	
交易性金融资产	0		应付职工薪酬	150 000.00	
应收票据	66 000.00		应付票据	100 000.00	
应收账款	500 000.00		应付账款	974 800.00	
预付款项	100 000.00		应交税费	226 731.00	
其他应收款	5 000.00		应付利息	0	
……			……		
非流动资产：			**非流动负债：**		
无形资产	500 000.00		长期借款	1 060 000.00	
累计摊销	-60 000.00		股本	4 000 000.00	
递延所得税资产	7 500.00		盈余公积	120 070.00	
其他非流动资产	200 000.00		未分配利润	128 014.00	
资产合计	6 942 031.00		**负债和所有者权益合计**	6 942 031.00	

图 8-4　××公司的资产负债表

以上就是根据会计科目余额表而编制的资产负债表，其中有些会计科目数据根据科目余额表中的数据直接填写，而有些会计科目则需要汇总相加。

资产负债表中的具体数据该如何汇总

资产负债表中的一些会计科目可直接根据总账科目表的期末余额填写，而有的会计科目的期末余额则是几个会计科目的汇总，哪些科目可以直接填写，哪些会计科目需要汇总呢？简单介绍如下。

◆ 首先，可以根据总账的余额直接或汇总填写，如资产负债表中的"短期借款"、"应付票据"和"应付职工薪酬"等，而对于资产负债表中的货币资金一般还需要根据公司的银行存款、库存现金和其他货币资金等进行求和汇总。

◆ 其次，根据相关会计科目的明细科目计算，如实收资本可以根据不同出资者的明细科目进行汇总，如某公司总的注册资本为 100万元，出资比例分别为 20%、30% 和 50%，张某出资 20 万元，刘某出资 30 万元，谭某出资 50 万元，最后填入的实收资本余额为总计的 100 万元。

◆ 再次，根据总账的期末余额和明细科目余额进行填列，如资产负债表中长期借款会计科目的期末余额＝长期借款的总账科目余额－一年内到期的长期借款的余额。

◆ 然后，根据有关的科目余额－备抵科目余额，如固定资产科目余额＝固定资产的期末余额－累计折旧－固定资产减值准备，如果公司在资产负债表中，单独设立了累计折旧和固定资产减值准备科目，就需单独填写。

◆ 最后，根据如上四种方法综合填写，如对于资产负债表中的存货来说，应根据公司的库存商品、原材料、周转材料、在途物资和发出商品等总账科目的期末余额进行汇总，然后减去"存货跌价准备"的会计科目余额后才能进行填入。

以上就是对于资产负债表中相关科目数据填写方法的简单说明，要求财务人员在填写时一定要仔细，对于需要汇总相加或相减的科目，不能遗漏其中的任何一项，否则就可能使资产负债表中的资产总额及负债与所有者权益的总额不平衡。

 # 利润表编制与填写

对于经营一家公司而言，其核心价值在于通过最小的成本实现价值的最大化，公司的管理者通过一定的经营管理，都希望获得一定的利润，而不是年年亏损。因此，除了对公司的资产及负债的关注，新公司老板应更为关心利润，对利润的最直接反映就是利润表，而利润表又是如何得来的呢？

利润表的计量方法

利润表是反映公司在一定会计期间经营成果的财务报表，可以在内部为管理者作出经营决策、考核内部经营成效提供一定的依据，同时也可为外部投资者投资提供一定的决策依据。

对于利润表的计量方法，可分为两类：一是根据公司的资产负债表决定，可简单理解为资产负债观；二是根据公司的收益决定，可理解为收入费用观，两者的具体比较如下。

◆ 资产负债观：是指根据上一期和当期资产负债表中的所有者权益来确定公司的收益，所有者权益增加就认为公司实现了利润，反之则亏损。

◆ 收入费用观：公司会设置相应的收入与费用账户，以公司在一定时期发生的经济业务所带来的收入及费用的差额作为当期收益，一般可分为当期营业观点和损益满计观点。

因此，不同的计量方法具有不同的优点，具体哪一类适合要根据公司的实际情况而定。

利润表的编制

利润表存在单步式利润表和多步式利润表两种样式，而公司常用的是多步式利润表，对于利润表的编制一般有两个步骤：一是根据会计账簿，编制损益类科目的累积发生净额；二是，根据票据的发生净额填制相应的利润表。

根据公司的会计总账簿，填写相关的会计科目金额，如根据营业收入、营业成本、营业税金及附加、销售费用、管理费用、财务费用和营业外收入等会计科目的余额进行统计，其中，投资收益及营业外收入需要计入贷方金额，具体如表 8-3 所示。

表 8-3   ×× 公司 2015 年度损益类会计科目的累计发生额

科目名称	借方余额	贷方余额
营业收入	2 000 000.00	
营业成本	700 000.00	
营业税金及附加	3 000.00	
销售费用	20 000.00	
管理费用	100 000.00	
财务费用	40 000.00	
资产减值损失	30 000.00	
投资收益		20 500.00
营业外收入		50 000.00
营业外支出	19 700.00	
所得税费用	75 000.00	

如上表所示，在对损益类会计科目的余额进行计算以后，就可以将汇总的数据计入相关的利润表中，利润表和资产负债表一样，具有一定的模板，可以通过三个步骤来对利润进行计算（如果计算结果为负，则金额前需要用"-"表示）。

第一，计算营业利润。营业利润＝营业收入－营业成本－营业税金及附加－销售费用－管理费用－财务费用－资产减值损失＋公允价值变动损益＋投资收益（当公允价值和投资收益为损失时，就需要相减）。

第二，计算利润总额。利润总额＝营业利润＋营业外收入－营业外支出。

第三，计算净利润。净利润＝利润总额－所得税费用，具体如图 8-5所示。

利润表		
		会企 02 表
编制单位：××股份有限公司　　　2015 年度		单位：元
项目	本期金额	上期金额（略）
一、营业收入	2 000 000.00	
减：营业成本	700 000.00	
营业税金及附加	3 000.00	
销售费用	20 000.00	
管理费用	100 000.00	
财务费用	40 000.00	
资产减值损失	30 000.00	
加：公允价值变动收益（损失以"-"号填列）	0	
投资收益（损失以"-"号填列）	20 500.00	
其中：对联营企业和合营企业的投资收益	0	
二、营业利润（亏损以"-"号填列）	1 127 500.00	
加：营业外收入	50 000.00	
减：营业外支出	19 700.00	
其中：非流动资产处置损失		
三、利润总额（亏损总额以"-"号填列）	1 157 800.00	
减：所得税费用	75 000.00	
四、净利润（净亏损以"-"号填列）	1 082 800.00	
五、每股收益		
（一）基本每股收益		
（二）稀释每股收益		

图 8-5　利润表的编制

在上图中最后一栏，可以看到每股收益，它是指公司对外发行的股票收益，因为表 8-3 所示的损益类会计科目的累计发生额图中，没有对每股收益进行计算，因此在图 8-5 利润表中就不需要填写。

利润表中会计科目的填写说明

与资产负债表的填写过程一样，在利润表中，有些会计科目可以根据利润表中损益科目的发生额直接填写，而有的会计科目则需要进行一定的汇总，下面就从收入与成本、费用、收益、税收和利润等方面进行简单说明。

◆ 首先是收入。对于利润表中营业收入一般是指根据资产负债表中的主营业务收入与其他业务收入求和得到；营业成本则根据资产负债表中的主营业务成本 + 其他业务成本得到；营业外收入则是与经济业务无关的收入的汇总。

◆ 其次是费用。在利润表中一般有销售费用、管理费用和财务费用。

其中销售费用一般是指发生在产品销售中的各种费用，包括销售人员工资、业务费和包装费等；管理费用是指公司在组织管理中发生的相关费用；财务费用是指公司在筹资中发生的各种费用，三者都可以直接根据发生额填写。

◆ 再次是收益。对于利润表中的收益类，如投资收益和公允价值收益，当收益为负数时，应在利润中减去两者。

◆ 然后是税收。主要包括利润表中的营业税收及附加和所得税费用，营业税收及附加是指公司在经营中发生的消费税、营业税、城市维护税和教育附加费等的总和；所得税是指在利润中扣除的相关税收。两者都可以根据相应的会计科目的发生额直接填写。

◆ 最后是对于利润的填写。一定要注意营业利润、利润总额和净利润之间的区别。

现金流量表的编制与填写

无论是对于内部管理者还是外部投资者，现金流量表通过反映在会计期间内现金及现金等价物的流入流出的信息，给他们提供了一个决策依据。在第五章节我们已经简单地认识了现金流量表，本节将简单介绍如何对现金流量表进行编制。

现金流量表的编制方法

在对现金流量表进行编制时，可以根据经营活动中的现金流量，采用直接法和间接法进行，两者简单介绍如下。

◆ 直接法：是指公司根据在经营活动发生的有关项目，如现金收入和现金支出，计算出在经营活动中产生的现金流量，最后对该现金流量进行编制。

◆ 间接法：是指以净利润作为一种现金流量的起算点，除去筹资活动和投资活动对现金流量的影响，从而计算出在经营活动中产生的现金流量，最后对计算出的现金流量进行编制。

现金流量编制的两大方法反映的是公司在经营活动中发生的现金流量，现金流量表可以对公司的经营活动及净利润进行一定的分析，根据我国的现金流量表准则规定，公司一般采用直接法进行编制，同时需要在附注中提供从净利润中调节到经营活动中的现金流量信息。

根据上述的方法，公司在编制现金流量表时，一般会采用工作底稿法，工作底稿法是指以资产负债表和利润表为基础，根据具体的项目及会计分录编制现金流量表。

公司采用工作底稿法时会经过如下几个步骤。

◆ 首先，将资产负债表中的期初数和期末数登记在工作底稿的期初数和期末数中。

◆ 其次，对当期的业务进行分析并编制相应的会计分录。

◆ 再次，将编制并经过调整的会计分录填入工作底稿。

◆ 然后，核对借贷方金额，包括会计分录及资产负债表中的数据。

◆ 最后，根据工作底稿中与现金流量的有关项目编制正式的现金流量表。

现金流量表的工作底稿

相对来说，公司编制的现金流量工作底稿具有一定的模板，分别对资产负债表的资产项目及贷方项目、利润表的项目和现金流量表项目等进行登记，如图 8-6 所示。

现金流量表工作底稿				
单位名称：××股份有限公司		会计期间：2015年度		单位：元
项　　　目	期初数	调整分录		期末数
		借方	贷方	
一、资产负债表项目	—	—	—	—
借方项目：				
货币资金	500 000.00		200 000.00	300 000.00
应收票据	100 000.00		80 000.00	20 000.00
应收账款	150 000.00	80 000.00	200 000.00	30 000.00
借方项目合计	750 000.00			350 000.00
贷方项目：	—			—
短期借款	150 000.00	100 000.00		50 000.00
应付票据	100 000.00	50 000.00		50 000.00
应付账款	200 000.00			200 000.00
所有者权益类项目：	—			—
股本	2 000 000.00			2 000 000.00
盈余公积	50 000.00		100 000.00	150 000.00
负债及所有者权益项目合计	150 000.00			3 507 828.00
二、利润表项目	—	—		本期数
主营业务收入			500 000.00	500 000.00
主营业务成本		200 000.00		200 000.00
营业税金及附加		800.00		800.00
三、现金流量表项目	—	—	—	—
(一)经营活动产生的现金流量	—	—	—	—
销售商品、提供劳务收到的现金		525 000.00	5 000.00	530 000.00
现金流入小计	—	—	—	530 000.00
购买商品、接受劳务支付的现金		123 500.00	238 500.00	115 000.00
经营租赁所支付的现金			12 000.00	12 000.00
现金流出小计	—			377 542.00
经营活动产生的现金流量净额	—			152 458.00
(二)投资活动产生的现金流量	—	—	—	—
收回投资所收到的现金		15 000.00		15 000.00
分得股利或利润所收到的现金		7 000.00		7 000.00
现金流入小计				156 500.00
购建长期资产所支付的现金		50 180.00		50 180.00
权益性投资所支付的现金		20 000.00		20 000.00
债权性投资所支付的现金		100 000.00		100 000.00
现金流出小计				198 180.00
投资活动产生的现金流量净额	—			-41 680.00
(三)筹资活动产生的现金流量	—	—	—	—
吸收权益性投资所收到的现金		150 000.00		150 000.00
发行债券所收到的现金		350 000.00		350 000.00
现金流入小计				575 000.00
偿还债务所支付的现金			300 000.00	300 000.00
发生筹资费用所支付的现金			5 385.00	5 385.00
分配股利或利润所支付的现金			8 000.00	8 000.00
现金流出小计				313 385.00

图 8-6　现金流量表的工作底稿

				261 615.00
筹资活动产生的现金流量小计				261 615.00
(四)汇率变动对现金的影响额				
(五)现金及现金等价物净减少额				
单位负责人：李××				

图 8-6　现金流量表的工作底稿（续）

编制现金流量表

公司在编制现金流量表时都会以工作底稿为基础，下面就以图 8-6 所示的现金流量表的工作底稿来说明如何编制现金流量表。

在现金流量表中，主要从三方面对其进行编制，公司的经营活动产生的现金流量、投资活动产生的现金流量和筹资活动产生的现金流量，投资者可根据工作底稿中的相关数据进行填写，如图 8-7 所示。

现金流量表

会企 03 表

编制单位：××股份有限公司　　　2015 年 12 月 31 日　　　单位：元

项目	行次	金额
一、经营活动产生的现金流量		
销售商品、提供劳务收到的现金	1	530 000.00
收到的税费返还	2	
收到其他与经营活动有关的现金	3	
经营活动现金流入小计	4	530 000.00
购买商品、接受劳务支付的现金	5	115 000.00
支付给职工及为职工支付的现金	6	
支付的各项税费	7	
支付其他与经营活动有关的现金	8	12 000.00
经营活动现金流出小计	9	377 542.00
经营活动产生的现金流量净额	10	152 458.00
二、投资活动产生的现金流量		
收回投资收到的现金	11	15 000.00
取得投资收益收到的现金	12	7 000.00
处置固定资产、无形资产和其他长期资产收回的现金净额	13	
收到其他与投资活动有关的现金	14	
投资活动现金流入小计	15	22 000.00
购建固定资产、无形资产和其他长期资产支付的现金	16	170 180.00
投资所支付的现金	17	
支付其他与投资活动有关的现金	18	
投资活动现金流出小计	19	170 180.00
投资活动产生的现金流量净额	20	−148 180.00
三、筹资活动产生的现金流量		
吸收投资收到的现金	21	350 000.00
取得借款收到的现金	22	
收到其他与筹资活动有关的现金	23	150 000.00
现金流入合计	24	500 000.00

图 8-7　填写现金流量表

偿还债务所支付的现金	25	300 000.00
分配股利、利润、偿付利息所支付的现金	26	8 000.00
支付的与筹资活动有关的其他现金	27	5 385.00
现金流出合计	28	313 385.00
筹资活动产生的现金流量净额	29	186 615.00
四、汇率变动对现金的影响		
五、现金流量净额		190 893.00

图 8-7　填写现金流量表（续）

至此就完成了经营、投资和筹资活动的现金流量表的编写，然而其中的数据是如何得来的呢？

现金流量表是根据现金的收入与支出来反映相关的经济活动，它的现金数据来源于资产负债表中的库存现金、银行存款和应收账款等，此外还有来自于利润表中的主营业务收入、其他业务收入和税收返还等。

那么该如何将这些会计科目的数据填入相应的现金流量表中呢？下面以公司在销售商品后，对于现金流量如何计算并填写进行举例说明。

A 公司在本期销售了一批商品，在增值税发票上注明销售借款为 50 万元，增值税为 8.5 万元，对方公司以银行汇票支付相应的款项，而公司的应收票据在期初时为 10 万元，期末时为 2 万元，公司的应收账款在期初时为 15 万元，期末时为 3 万元，而计提相应的坏账损失为 1.2 万元。

根据上述的情况计算公司在本期销售商品和提供劳务获得的现金，假设为 M，那么根据公式 1，M= 本期销售商品和提供劳务获得的现金 + 以前期间销售商品和提供劳务在本期获得的现金 + 以后将要销售商品、提供劳务在本期预收的现金 + 本期收回前期已核销的坏账 - 本期销售退回支付的现金，可对其进行简化，得出公式 2。

公式 2 为：M= 营业收入 + 应收账款的差额（期初数 - 期末数）+ 应收票据差额（期初数 - 期末数）+ 预收账款差额（期初数 - 期末数）- 债务人以非现金资产抵债减少的应收账款和应收票据 - 本

期计提坏账准备导致的应收账款的减少额。

根据公司发生的经济业务，M=585 000+（100 000-20 000）+（150 000-30 000-12 000）=773 000 元。

如上所示，公司在本期销售商品和提供劳务应获得的现金为 77.3 万元，可直接填入现金流量表中，而不能将营业收入 58.5 万元直接填入。

所有者权益变动表的编制与填写

在第一章节我们已经简单地认识了所有者权益变动表，它反映的是公司所有者权益的变化情况，即股东变化或注册资本变化，在本节将简单介绍如何对所有者权益变动表进行编制。

所有者权益变动表的编制

所有者权益体现的是一种综合收益，不仅反映所有者权益增减变动的一些信息，还反映了计入所有者权益中的利得和损失，它在一定程度上体现的是公司的综合收益，包括两部分内容：一是净利润；二是直接计入当期损益的利得和损失。

公司在编制所有者权益变动表时，常常用到两个公式，公式 1：综合收益＝净利润＋直接计入所有者权益的利得和损失；公式 2：净利润＝收入－费用＋直接计入所有者权益的利得和损失，在表中各项需要单独列项说明。

公司在编制所有者权益变动表时，一般会从公司的上年年末余额、本年年初余额、本年增减变动金额和本年年末余额等方面进行说明，具体如图 8-8 所示。

项目	实收资本	资本公积	减：库存股	盈余公积	未分配利润	权益合计
一、上年年末余额	500 000			50 000	40 000	590 000
加：前期纠正						
二、本年年初余额	500 000			50 000	40 000	590 000
三、本年增减变动金额（减少以"-"号填列）						
（一）净利润					100 000	100 000
（二）直接计入所有者权益的利得和损失						
1.可供出售金融资产公允价值变动额						
……						
（三）所有者投入和减少资本						
1.所有者投入资本						
……						
（四）利润分配						
1.提取盈余公积				16 000	-16 000	
2.对所有者（或股东）的分配					-50 000	-50 000
3.其他						
（五）所有者权益内部结转						
1.资本公积转增资本						
2.盈余公积转增资本						
……						
四、本年年末余额	500 000	0	0	66 000	74 000	640 000

所有者权益变动表
编制单位：——年度会企所有者权益变动表　　单位：元

图 8-8　所有者权益变动表

至此就完成了所有者权益报表的编制及数据填写，这些数据都是根据公司的实际数据填写。

所有者权益报表中数据如何填写

对于公司来说，所有者权益下的项目主要是实收资本、股本、库存股、盈余公积、未分配利润和所有者权益等六大方面，同时可将本年和上一年度进行区分。对于上一年的变动根据上一年的所有者权益变动报表填写，如果公司是在本年开始经营，则不需要进行填写，下面从所有者权益变动表中的四大方面进行说明。

◆ 首先，是上年年末余额，在该表中的第一项需要填写上年的实收资本、资本公积、库存股、盈余公积、未分配利润、所有者权益等的年末余额。

◆ 其次，是本年年初余额，本年年初的余额和上年的年末余额要保持一致。

◆ 然后，是本年的增减变动金额，主要包括净利润、直接计入所有者权益的损失和利得、所有者投入和减少的资本、利润分配和所有者权益内部结转等。

◆ 最后，是对于本年年末余额的计算，包括实收资本、资本公积、库存股、盈余公积、未分配利润和所有者权益等的年末余额，本年年末的余额＝本年年初的金额＋本年增减变动额。

◉ 提 示 ◉

　　其中的净利润是指公司本年的净利润总额，并填入未分配利润栏目中，而一些对外投资收益，如可供出售的金融资产公允价值变动额则直接计入所有者权益的损失和利得。当有新的投资者加入或股东撤资或将相应的股份计入所有者权益时，则填入所有者投入和减少的资本栏目下。如果公司从未分配的利润中提取一定的盈余公积，以及将未分配的利润分配给所有者，则填入利润分配的栏目下。

　　通过上述的步骤，就完成了公司所有者权益变动表的填写。

chapter

09

新公司需避开的财务报表陷阱

小金库和账外账的清查、货币资金和存货的舞弊

公司的经营状况如何，通过查看财务报表就可以一目了然，为了防止财务人员制作假账，编制假的财务报表，作为新公司的老板，应该具备识别财务报表真伪的能力。

小金库：公司的私房钱

在日常生活中，我们会听说某某有多少的私房钱，虽然这笔资金不公开，但在一定的场合可以由所有者自由支配，与此相似，有的公司也会储蓄自己的私房钱，称为公司的小金库，那么新公司该怎样设置自己的小金库呢？而这些小金库又是否合法呢？

细说公司的小金库

小金库是指公司违反法律法规规定，将应列入单位账簿的各项资金或其他财产没有列明在相应的账簿上。

（1）小金库的来源与支出

小金库的资金来源较多，从资产方面来说，可归纳为国有资产有偿使用收入、资产处置收入和资产出租收入等；从公司的收入方面可归纳为经营收入、利息收入和专项收入；而从政府方面来说，可归纳为罚没收入、政府性基金收入、行政事业性收费收入和财政拨款等。

而具体表现在公司中，则可以细分为各项销售收入、劳务收入、价外费用、金融性投资收益、对外捐赠收入、佣金或回扣、罚没收入、行政事业性收费、通过假发票骗取相应的资金、上下级单位转移的资金、以各种费用套取公司的资金、虚列支出转出的资金和资产出租收入等。

对于小金库的资金，单位一般用来以补贴或奖金的形式发给员工、支付公司领导与业务无关的应酬费、为上级领导送礼、单位领导之间相互平分和白条报销等方面。

（2）小金库的特点

要全面地认识小金库，就需要认识它有哪些特点。对于小金库的特点，简单介绍如下。

◆ 来源多样、分散性：公司一般会开设多个账户，将应纳入公司收入的资金转入不同的账户，并登入不同的账户进行掩饰，实现多笔资金的分散核算，同时也存在将一些不合法的经费以合法的名义转入单位账户，公私不分。

◆ 支出随意性：主要指小金库资金的使用，由于小金库是一种隐性的财富，收支自由，可支配性也强，于是领导常用来支付一些高额消费，如出入各种娱乐场所、私下请客吃饭和互送大礼等。

◆ 手段隐蔽性：小金库一般只有财务人员或上级领导知道，所以具有很大的隐蔽性，即使在一定的范围内公开，也具有一定的合法性，当对其进行审计时也无任何问题，但实际上这部分资金属于公司的小金库资源。

◆ 数额递增性：随着我国经济的不断发展，人们的收入水平不断增加，由于国家法制还不健全，小金库的数额呈逐年上升趋势，据统计，近年来，国家通过各种形式查出的小金库的数额高达 10 亿元。

（3）小金库成因分析

小金库不是在某一家公司存在，它的存在具有普遍性，对于社会来说，小金库的存在是社会经济环境、社会秩序和社会法制不完善的结果；对于公司来说，小金库的存在则与公司的管理相关。

首先，现行的财务管理体制还存在一定的弊端，财务监督不强，特别是在公司的一些经费支出方面的监督。当一些单位为了解决自身不合理和不合法的开支时，就会将一些经费及生产经营收益放入公司的小金库。

这就要求国家在财经法规上，对于该类问题进行适当的处理，不能过松也不能过严，处理的关键是减少该类现象。

其次，是一些单位领导的默许或授意，这也是小金库存在的最重要原因，小金库的受益者大多与单位领导有关，为个人或小集体谋福利，所以单位领导对于小金库一般会放任发展，从而形成了小金库的恶性循环。

如何清查公司的小金库

对国家和公司来说，小金库的存在是一种恶劣的问题，对于国家或公司的长远发展是不利的，国家应该对于公司的小金库进行审查，而且要审查到位，下面就简单介绍几种清查的方法。

◆ 首先，审查公司的会计凭证。主要是对于公司原始凭证的审查，从凭证的时间、地点、物品、票据编号和单位等着手，如对于公司的业务招待费，需要查看相应会计凭证，核实最终的支付是来源于公司的银行存款还是公司的小金库。

◆ 其次，核实各类收款票据。如公司的应收票据，核实公司应收票据的编号是否连续，发票的存根联与记账联的金额是否一致，已使用的发票和未使用的发票是否连续，以此核实公司有无将相应的应收票据放入小金库中。

◆ 再次，审查公司的各种经费。审查公司的各种经费项目、范围、标准、金额与实际收费是否一致，查看公司是否将已经收费的项目还未入账或已经减少收费，同时查看各种费用是否到达对方公司，核实各种费用是否落入小金库。

◆ 然后，审查公司的银行存款或库存现金。通过银行存款日记账或现金日记账对公司的库存现金进行盘点，看是否溢余或短缺，并查明原因，查看是否通过小金库吸收或支付了库存现金。

◆ 最后，可到关联单位查询。如果在公司的账户上未发现任何问题，那么可以到与其相关的单位进行查询，如公司的一些付款单位，通过在付款单位的收款账目上进行查询，核实公司的各种付款是否已经落入小金库。

◉ 提示 ◉

审查公司银行存款时，主要审查公司在银行的存款账户，银行存款的账面余额是否与单位存款的账面余额相等，如果存在未达账项，要查明资金去向，核实是否落入了小金库。

 ## 设置账外账：家外有家

提到公司的小金库，我们还会听过一个名词，账外账，什么是公司的账外账？账外账来源有哪些？账外账是否合法？

全面认识公司的账外账

账外账是指公司没有在依法设置的会计账簿上，对于公司发生的经济事务进行统一登记核算，而是私自设置一类会计账簿进行登记，我们一般称之为"两套账"，一套账目是公开提供给审计局或税务局查账的账簿，称为大账，另一套是公司用来补充登记一些无法归集的收入或费用，反映公司大账之外的收支，可称为小账。

要了解公司的账外账，我们可以从它的资金来源和表现形式分析，两者分析如下。

◆ 账外账的资金来源：账外账的资金来源一般包括纳税人为隐瞒收入而转移到小账的不正当收入、各种违规收入和截留公司的各种税费，而对于该资金的支出，有的在合理的范围，有的则支出混乱。

◆ 账外账的表现形式：账外账可表现为多种形式，常见的如存折、定期存单、未及时处理的银行存款通知单与原始单据、隐瞒资金用途的信用卡、违规报销的物资和未入账的退回物资等。

账外账与小金库都是在合法账簿与库存现金之外，非法地转移和筹集资金的行为，它的目的在于将非法的资金供本单位和少数人支配，是违反财经法规的行为，但是两者存在一定的区别，具体如表9-1所示。

表9-1　账外账与小金库的简单比较

项目	账外账	小金库
定义	账外账是违反财经法规而设置的一种账目	违反财经法规私自存放的各类资金
收入与支出表现	一般包括正当收入（支出）与不当收入（支出）	无论是收入还是支出都不合理或违背财经法规
定性依据	《中华人民共和国会计法》第十六条对其进行了规定，不得违法私设	《国务院办公厅转发财政部、审计署、中国人民银行关于清理检查"小金库"意见的通知》和《国务院关于加强预算外资金管理的决定》规定公司不得私设小金库
处罚依据	当公司私设会计账簿，将进行如下的处罚，由县级以上人民政府财政部门责令限期改正，可以对单位并处3 000元～50 000元以下的罚款；对直接负责的主管人员和其他直接责任人员，可以处2 000元～20 000元的罚款；属于国家工作人员的，还应当由其所在单位或者有关单位依法给予相应的行政处分	单位和个人违反财务管理的规定，私设小金库，对于私存私放的财政资金或者其他公款的，责令改正，并追回私存私放的资金，还要没收违法所得；并对单位处3 000元～50 000元的罚款；对直接负责的主管人员和其他直接责任人员处2 000元～20 000元的罚款；属于国家公务员的，还应当给予记大过处分

从上表中可以看出，两者有区别也有联系，小金库属于账外账的一种表现形式。当公司私设账外账后，一般会将一些单位资金化为私人资金，登记在账外账上，如通过将预算内的收入计入预算外的收入、虚列支出和报假账等方式，将相应的资金转入公司的小金库，并登记入账外账。

账外账的检查小技巧

如同对于公司小金库的检查，国家对于公司账外账的检查也会运用一定的方法，一般常用的有审阅法、核对法、盘存法、突击检查法、观察法、查询法和外调法等，下面就以一个案例进行说明。

> A公司为珠海市的一家食品公司，在2015年，税务稽查人员对公司的账务进行突击检查，通过公司的财务人员所做的会计分录，得知公司与B公司进行商品交易，公司支付B公司20万元，同时在该凭证后，还附有银行付款凭证一张。
>
> 当税务稽查人员对B公司进行核实时，发现在B公司的应收账款的账面上却没有该业务的发生，当税务稽查人员对该单位的负责人进行询问时，负责人申明是偿还了外单位的借款。
>
> 同时税务稽查人员在检查中还发现了公司的一份销售记录，该销售记录中的销售收入与公司进行纳税申报时的金额相差50万元，税务稽查人员要求相关负责人打开保险柜进行检查，而负责人以财务人员出差为由拒绝。

通过上述的案例可知，税务稽查人员对公司的账目进行了突击检查法、观察法、查询法和外调法等综合运用，如对于公司支付的20万元，通过公司账目与关联公司的交易记录发现了其中存在的异同点，对方公司发生该业务，就说明公司的该笔资金可能被登记入账外账，成了公司的小金库。

同时，公司还通过异常数字比较法，发现公司的销售金额与纳税申报的金额不同，如相差的 50 万元，从而分析出公司存在偷税漏税的可能性。

通常国家在对公司的账外账进行清查时，主要从几大方面着手，例如资金进出环节、货物购销环节和信息交换环节。

一般资金进出环节的"账外账"情况比较常见，检查人员可从资金运动的方面进行检查，将公司的每笔业务进行核实。

 # 货币资金如何舞弊

无论是公司的小金库还是账外账，主要反映的都是公司的资金运动，公司的货币资金就是对于资金运动的一种最好的反映，对于财务人员来说，对于货币资金一定要做到真实记录，不能舞弊。

货币资金舞弊的常见方式

货币资金作为公司中流动性最强和控制风险最高的资产，具有直接支付及随身携带的特点，相对来说最容易进入公司的小金库，一旦进入小金库就不能真实地在报表中反映相关数据。

而公司货币资金的舞弊方式，一般有虚构职工工资、虚开票据和挂往来账等方式，以此来套取现金，具体细节则如下。

◆ 虚构职工工资套取现金：表现为公司通过将一些事实上并不存在的人员罗列入公司的应付工资表中，从而扩大公司的工资支出，当支付实际的工资后，剩余的余额就为公司套取的现金。

◆ 虚开票据套取现金：是指公司内部或外单位的人员将一些无法报账的票据在财务人员处进行报账，财务人员为了报表的平衡，就会虚列一笔费用或资产实现账实之间的平衡。

◆ 挂往来账套取现金：是指公司虚设一些往来单位，将公司的资金汇入一些与公司真实业务无关的个人或公司，实现套现的目的，而在账务处理上以往来账进行列明，再经过一定时期，就作为公司的坏账处理。

◆ 收取差额套取现金：是指公司通过少开、不开发票和白条抵库等方式，使公司账目中的应收票据金额小于公司实际收款金额，从而套取中间的差额，一般发生在公司的一些现金收入业务中。

发现货币资金舞弊常用的方式

当税务稽查人员在对公司的货币资金是否存在舞弊行为进行审查时，一般会采取一定的方式，如通过查询银行函证的方式，查询函证的内容是否有一些担保、质押和抵押情形，也可查询公司的银行对账单。将相应的银行对账单与银行日记账进行核对，核对金额、存取款日期、款项来源和票据种类等，同时还需要将公司的现金日记账与银行日记账进行核对。

其次，税务稽查人员一般还会采取现金盘点的形式，对公司的库存现金进行突击检查，如果公司的现金存放于不同的保险柜，那么就会有多个盘点小组，逐一进行盘查。

再次，对于公司的一些报销凭据进行重点审查，特别是对于一些具有差异的凭据，要注意观察公司的发票是否按照规定填写、金额是否清晰、字迹是否涂改和报销手续是否齐全等。

可以从五方面去判断发票是否真实，一是发票注明的经济业务与公司的经营是否相符；二是发票的支出内容与金额是否违反常规；三是相邻的几张发票是否都为整数；四是发票上的日期与发票的连续号码是否匹配；五是发票的内容是否填写完整，如发票的日期、品种、单位、单价和数量等是否完全填写。

最后，审查公司的银行存款，如将公司的银行存款与公司的利息相核对，查明银行存款的真实情况，如果公司账簿记录的利息＞根据存款计算出来的利息，说明公司有账外账，如果公司账簿记录的利息＜根据存款计算出来的利息，则公司可能存在将利息收入转入小金库的可能性。

对于公司货币资金方面的舞弊，可以分为公司的库存现金、银行存款及其他货币资金的舞弊，下面以安全形式具体分析。

A公司主要以销售商品为主，在2015年3月销售了一批商品给B公司，销售收入为10万元，对方公司开来两张发票，其中一张为8万元，一张为2万元，暂未计算相关的税费。

此时，如果B公司未索要发票，或者A公司只开设一张8万元的发票，而另一张2万元的发票没有开设，那么此时A公司的财务人员就可能做出如下的账务处理。

借：银行存款　　　　　　　　　　　　　　　80 000

　　贷：主营业务收入　　　　　　　　　　　　　　80 000

借：银行存款　　　　　　　　　　　　　　　20 000

　　贷：其他应付款——C公司　　　　　　　　　　20000

如果A公司再将这2万元进行提现，冲销其他应付款，那么此时就需要做出如下的账务处理。

借：库存现金　　　　　　　　　　　　　　　20 000

　　贷：银行存款　　　　　　　　　　　　　　　20 000

借：其他应付款——C公司　　　　　　　　　20 000

　　贷：库存现金　　　　　　　　　　　　　　　20 000

通过上述的处理，公司货款中的2万元就完全转入了公司私设的账户中，除此之外，公司还可能采取另外一种账务处理方式达到目的。

仍以上例说明，当公司收到对方公司10万元的发票时，公司的财务人员做了如下的两种账务处理。

分录一：

借：银行存款　　　　　　　　　　　　　　100 000

　　贷：库存现金　　　　　　　　　　　　　　100 000

分录二：

借：库存现金　　　　　　　　　　　　　　100 000

　　贷：银行存款　　　　　　　　　　　　　　100 000

上述两种会计分录的不同在于：分录一反映的是公司将10万
元的现金存于银行，而分录二反映的是公司将10万元的银行存款
提现，它们都同时达到了银行存款日记账与现金日记账的虚假平衡，
这样货币资金的舞弊，具有较强的隐秘性质，因为一切看似合理，
但这里反映的是公司的销售收入，正确的账务处理如下。

借：银行存款　　　　　　　　　　　　　　100 000

　　贷：主营业务收入　　　　　　　　　　　　100 000

由以上可知，对于公司的每一笔流入或留出的货币资金，必须有相应
的凭证，并且每一笔货币资金的流出都需要一定的审批单据，可避免出现
如上无缘由地将公司的库存现金转入银行存款或银行存款的情况。

同时，查看发现公司是否挪用现金，还可以测算公司的现金收入送存
银行的时间，并与公司记录的现金日记账进行比较，发现其中存在的问题；
如果发现公司具有时间的拖延而又没有讲明相关的缘由，那么就可能意味
着公司将现金公有化为私有，公司就具有账外账或小金库的可能性。

存货如何舞弊

一般公司财务报表的造假，大多体现在公司的资产项目上，而资产造
假的常用方法则是对资产计价进行舞弊，而在资产计价中，主要的体现就
是公司对于存货的计价，存货具有计价方法多样、种类繁多和流动性强的

特点，因此更容易出现舞弊，那么，新公司该怎样避开存货的舞弊呢？

存货舞弊的三大环节

对于公司存货的舞弊，可以从三大环节进行舞弊：一是存货的获得环节；二是存货的发出环节；三是存货的盘点环节，具体如下。

◆ 存货获得环节：在获得环节的舞弊，可体现为公司编制各种虚假资料，增加存货的数量与价值或没有对存货的采购进行分摊，从而使存货成本不真实。

◆ 存货发出环节：公司在该环节通过对于一些材料虚拟出库或虚列成本，以此提高相应的成本，减少利润总额，或对于存货的计价方法进行随意的变更，这就是该环节的舞弊。

◆ 存货盘点环节：公司要在该环节进行舞弊，一般通过对存货的重复盘点、虚列存货的存在或对于盘盈、盘亏的材料不做相应的账务处理，同时对于一些毁损的材料，不进行列报。

公司在哪种情形下会进行存货舞弊

在任何一种现象的背后，都有它的缘由，对于公司的存货舞弊也一样，公司的存货舞弊在怎样的情形下会发生的呢？

当公司正面临着财务困难，如供货压力、股价下跌和担保融资等，在一定的情形下，如公司属于高新技术产业或制造业，或公司的存货较多，而且存放在不同的地点，舞弊的可能性还会增加。

从哪些方面可以看出公司可能存在存货舞弊的可能性呢？可与上一期相比，例如存货的增长速度快于销售收入和总资产的增长，同时存货在总资产中的比例不断增加，但存货的周转率却在下降，同时公司的销售利润突然增加，最后在会计期间结束后，在一些会计分录中，记录了一些存货的转回或一些关于存货的重要调整分录。

下面来看一下著名的法尔莫存货舞弊案。

法尔莫公司的创始人米奇·莫纳斯，在创立法尔莫公司之前，在美国的俄亥俄州阳土敦市拥有一家药店，在奋斗十余年后，他收购了其余的 299 家药店，成立了全国连锁的法尔莫公司，它的成立是建立在存货高估和虚拟利润的基础上的。

米奇·莫纳斯他的经营策略就是强力购买，在销售产品时给予很大优惠的折扣，通过虚增存货的方式，将报表的利润扩大，在一年内有收购 8 家药店的记录。

他和他的财务人员将公司的所有损失转入一个额外的账户，然后将该账户的金额通过虚增存货的方式分配到各大分店账户名额中。

而注册会计师们在对存货进行盘点时，只对其中的 4 家进行了盘点，并且提前通知法尔莫公司他们会盘点的药店，管理人员就会提前使需要盘点的 4 家药店实物与存货相符，而将虚增的存货分担到了剩余的 296 家药店。

米奇·莫纳斯和他的公司通过虚增存货和虚增利润的方式经营了 10 年之久，他和他的公司拥有两套账簿，一是公司的公账，用来应付会计师的审计；二是公司的私账用于内部分配。

最终被查出时，带来了 5 亿美元的损失，所有人都付出了代价，会计师事务所因审计失败，损失 3 亿美元，米奇·莫纳斯入狱 5 年，而公司的财务总监则被判决 33 个月的监禁。

读 者 意 见 反 馈 表

亲爱的读者：

感谢您对中国铁道出版社的支持，您的建议是我们不断改进工作的信息来源，您的需求是我们不断开拓创新的基础。为了更好地服务读者，出版更多的精品图书，希望您能在百忙之中抽出时间填写这份意见反馈表发给我们。随书纸制表格请在填好后剪下寄到：北京市西城区右安门西街8号中国铁道出版社综合编辑部 张亚慧 收（邮编：100054）。或者采用传真（010-63549458）方式发送。此外，读者也可以直接通过电子邮件把意见反馈给我们，E-mail地址是：lampard@vip.163.com。我们将选出意见中肯的热心读者，赠送本社的其他图书作为奖励。同时，我们将充分考虑您的意见和建议，并尽可能地给您满意的答复。谢谢！

所购书名：_____

个人资料：

姓名：_____ 性别：_____ 年龄：_____ 文化程度：_____

职业：_____ 电话：_____ E-mail：_____

通信地址：_____ 邮编：_____

您是如何得知本书的：

□书店宣传 □网络宣传 □展会促销 □出版社图书目录 □老师指定 □杂志、报纸等的介绍 □别人推荐
□其他（请指明）_____

您从何处得到本书的：

□书店 □邮购 □商场、超市等卖场 □图书销售的网站 □培训学校 □其他

影响您购买本书的因素（可多选）：

□内容实用 □价格合理 □装帧设计精美 □优惠促销 □书评广告 □出版社知名度
□作者名气 □工作、生活和学习的需要 □其他

您对本书封面设计的满意程度：

□很满意 □比较满意 □一般 □不满意 □改进建议

您对本书的总体满意程度：

从文字的角度 □很满意 □比较满意 □一般 □不满意
从技术的角度 □很满意 □比较满意 □一般 □不满意

您希望书中图的比例是多少：

□少量的图片辅以大量的文字 □图文比例相当 □大量的图片辅以少量的文字

您希望本书的定价是多少：

本书最令您满意的是：

1.

2.

您在使用本书时遇到哪些困难：

1.

2.

您希望本书在哪些方面进行改进：

1.

2.

您需要购买哪些方面的图书？对我社现有图书有什么好的建议？

您更喜欢阅读哪些类型和层次的经管类书籍（可多选）？

□入门类 □精通类 □综合类 □问答类 □图解类 □查询手册类

您在学习计算机的过程中有什么困难？

您的其他要求：